KB133508

성과를 높이는
일 공부

社会人1年目からの仕事の基本　濱田秀彦

"SHAKAIJIN 1-NENME KARANO SHIGOTO NO KIHON"
by Hidehiko Hamada

Copyright © 2016 by Hidehiko Hamada
Illustrations by Jun Oson
Original Japanese edition published by Discover 21, Inc., Tokyo, Japan

Korean translation copyright © 2017 by Joongangllbo Plus
Korean edition is published by arrangement with Discover 21, Inc. through Korea
Copyrights Center Inc.

이 책의 한국어판 저작권은 (주)한국저작권센터(KCC)를 통해 저작권자와
독점계약한 중앙일보플러스(주)에 있습니다.
저작권법에 의하여 한국 내에서 보호를 받는 저작물이므로 무단 전재와 무단 복제를 금합니다.

직장인이
꼭 알아야 할
필수 교양

02

직장 상사는
가르쳐주지 않는
일의 기본

성과를 높이는
일 공부

하마다 히데히코 지음 | 정지영 옮김

중앙books
JoongAng Ilbo

일 공부가 직장인의
미래를 결정한다

어떤 일에 종사하든 직장인으로서 알아야 할 기초는 첫 직장에서 익힐 수 있다. 첫 직장에서 익힌 기초가 앞으로의 미래를 결정한다.

보통 사회생활의 기초를 습득하는 데 필요한 기간은 3년 정도다. 그 3년 동안 각자에게 생기는 업무 능력의 차이는 쉽사리 메워지지 않으며, 이후로도 점점 더 벌어진다. 이 사실은 16년간 연수 강사로서 2만 5,000명 이상의 비즈니스맨을 접해온 필자가 자신있게 말할 수 있다.

업무 능력은 다섯 가지 요소로 구성된다. 그중 주축이 되는 세 가지 요소가 콘셉추얼 스킬, 휴먼 스킬, 테크니컬 스킬이다.

콘셉추얼 스킬이란 한마디로 말해서 생각하는 능력이다. 계획 능력, 기획력, 문제 해결력 등이 이에 해당하며, 직위가 올라감에 따라 중요도도 높아진다.

휴먼 스킬이란 대인관계 능력이다. 말하는 능력과 듣는 능력을 이용해서 상대를 설명, 설득, 교섭할 수 있는 능력을 뜻한다. 휴먼 스킬은 신입사원부터 경영진까지 모두에게 필요하다.

테크니컬 스킬은 업무에 필요한 지식과 기술이다. 가령 영업 분야에서의 상품 지식, 경리 분야에서는 재무 지식, 제조 분야에서는 가공 기술을 들 수 있다. 이 스킬은 입사 초반에 더욱 중요하고, 보유하지 못하면 일을 할 수 없다.

주축이 되는 세 가지 요소 외에 성과를 내는 데 필요한 능력이 바로 인간력이다. 인간력은 목표 달성 의욕, 스트레스를 견디는

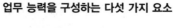

업무 능력을 구성하는 다섯 가지 요소

직위

콘셉추얼
스킬

휴먼 스킬

테크니컬
스킬

인간력

비즈니스 매너

능력, 끈기 같은 정신적인 영역을 말한다. 이것도 모든 비즈니스맨에게 필요하다. 그리고 이런 모든 요소의 토대가 되는 것이 바로 비즈니스 매너다. 비즈니스 매너는 신입사원에게만 필요한 것이 아니며, 모든 비즈니스 활동의 토대가 된다.

　이 책에서는 이런 다섯 가지 스킬을 중심축으로 하여 신입사원부터 중견 사원에 이르기까지 그들에게 필요한 내용을 6가지로 정리했다.

1 지금보다 한발 앞서 나아가게 해주는 업무 진행 방식

일의 기본 사이클을 익히는 방법

2 비즈니스 커뮤니케이션 능력을 높이는 방법

기본적인 대화법과 보고, 연락, 상담의 기술을 갈고닦는 방법

3 상사, 선배, 고객을 대하는 방법

업무상 대인관계를 원활하게 하는 방법

4 기획력, 문제 해결력을 높이는 방법

기획 및 문제 해결 등에 관련된 내용

5 비즈니스 매너의 새로운 기준

직장생활에서 필수인 비즈니스 매너 중 특히 최근 중요한 것을 중심으로 한 내용

6 커리어를 개발하는 법

인간력을 포함한 직무의 다섯 가지 능력을 높이는 방법

예전에는 중요하다고 여겨졌던 사항이더라도 현대 비즈니스 현장에서 중시하지 않는 것은 생략하고 최근 일터에서 필요로 하는 내용을 채택했다. 또한 각 항목에 대해 요구되는 수준을 '아직은 부족해요', '기본은 되네요', '최고예요'라는 세 가지 기준으로 정리한 것이 이 책의 특징이다. 우선 '기본은 되네요' 수준을 완수하고, 그다음 주변에서 '최고예요'라고 들을 수 있는 수준을 목표로 하자.

이 책을 다 읽었을 즈음 당신은 업무 성과에 도움이 되는 기본적인 스킬을 대부분 익히게 되었을 것이다. 그렇게 이해한 바를 직장에서 실천해 앞으로의 미래를 결정하는 기초 능력을 갈고닦기 바란다.

하마다 히데히코

차근차근 배우겠다는 각오부터!

직장 새내기: 일의 여신님, 저는 입사한 지 아직 한 달째라서 모르
는 것투성이예요.

이것저것 가르쳐주세요. 잘 부탁드립니다.

일의 여신: 두서없이 가르쳐 달라는 건 좀…… 서툴다는 느낌
이 드네요. 일단 자기 이름부터 밝히는 게 순서 아닐
까요?

직장 새내기: 아, 네!

일의 여신: 뭐부터 시작할지 전혀 모르는 눈치니까 지금부터 당
신에게 직장인이라면 꼭 익혀야 할 일의 기본을 가
르쳐주겠어요. 우선 '지금보다 한발 앞서 나아가게
해주는 업무 방식'부터 알려줄게요.

자, 각오됐나요?

CONTENTS

CHAPTER

1

지금보다 한발 앞설 수 있는
업무 진행법

CHAPTER 2

휴먼 스킬을 익히는 방법

CHAPTER 3

상사, 선배, 고객을 대하는 방법

CHAPTER 4

기획력, 문제 해결력을 높이는 방법

CHAPTER 5

비즈니스 매너를 익히는 방법

CHAPTER 6 커리어를 개발하는 법

CONTENTS

지금보다
한발 앞설 수 있는
업무 진행법

01

—

일의 기본
사이클을 익혀라

아직은
부족해요

PDCA(계획Plan, 실행Do, 확인Check, 개선Action)를
의식하지 않고 일한다.

기본은
되네요

PDCA를 확실히 실천한다.

최고예요!

PDCA를 반복하면서
나선계단 형태로 발전해 나간다.

．．．

회사와 직장에는 보이지 않는 사이클이 순환하며 움직이고 있다. 상사도 선배도 그 사이클에 따라 업무를 진행한다. 따라서 이제 막 직장생활을 시작한 사회 초년생은 이 사이클을 이해하고 그것에 맞게 움직여야 한다.

이렇게 업무의 기본이 되는 순환과정을 매니지먼트 사이클이라고 부른다. 회사 업무는 매니지먼트 사이클에 따라 진행되는 것이다. 이 사이클은 윈도나 맥OS와 같은 컴퓨터 운영체제에 해당되며, 각종 응용프로그램은 운영체제 위에서 작동한다. 그러므로 사회 초년생이 머릿속에 매니지먼트 사이클을 장착한다면, 컴퓨터가 고성능 운영체제를 설치하면 응용프로그램의 속도와 기능이 향상되는 것처럼 업무 속도와 성과가 향상될 것이다.

매니지먼트 사이클은 PDCA라고도 한다. PDCA란 계획 (Plan), 실행(Do), 확인(Check), 개선(Action)의 앞 글자를 딴 말이

PDCA의 핵심

명칭	의미	내용
P Plan	계획	목표, 진행 방식, 스케줄 등을 계획한다
D Do	실행	계획을 토대로 일을 실행한다
C Check	확인	계획과 대조하여 일의 진척과 중간 성과를 확인한다
A Action	개선	계획대로 진행되지 않은 부분에 관해 대책을 세운다

나선계단 형태의 발전

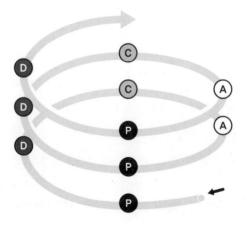

다. 일단 PDCA 사이클을 이해한 뒤에 이 과정이 제대로 돌아가게 해야 한다. 이때의 핵심은 바로 나선계단 형태로 발전하는 일이다.

매니지먼트 사이클은 지하철 순환선처럼 같은 곳을 빙빙 도는 방식이 아니다. 한 업무의 사이클을 끝낸 뒤에는 그곳에서 얻은 노하우를 토대로 다음 업무의 수준을 한 단계 끌어올려야 한다.

가령 상사가 회의실 예약 매뉴얼 작성을 지시했다고 하자. 이를 PDCA에 대입해보면 시행 방법을 확인하고, 완성할 때까지의 예정을 짜는 일이 Plan이다. 실제로 매뉴얼을 만드는 일은 Do이며, 결과물을 확인하는 일은 Check다. 그리고 오식을 수정하거나 더욱 읽기 편하게 개선하는 일이 Action에 해당한다. 이 과정이 바로 PDCA의 흐름이다.

어떤 매뉴얼을 작성할 때 PDCA를 바탕으로 작업 속도를 올리고 매뉴얼의 가독성을 높였다면, 왼쪽 아래 그림처럼 나선계단 형태로 발전한 것이다. 이 형태로 회전하는 것이 비로소 PDCA를 확실히 돌린다고 말할 수 있다.

나선계단 형태를 염두에 두고 PDCA를 실행한다.

성과를 나타내는
지표를 기억하라

아직은
부족해요

성과를 의식하지 않고 일한다.

기본은
되네요

성과를 나타내는 지표가 무엇인지 의식하고 있다.

좋고예요!

성과를 나타내는 지표를 수치로 파악하고 있다.

. . .

회사는 학교가 아니라는 말을 들어봤을 것이다. 월급을 받고 다니는 곳이니 당연히 직장인은 회사에서 성과를 올려야 한다. 개인을 평가할 때도 얼마나 열심히 했는지를 보기보다는 어떤 성과를 올렸는지를 본다. 따라서 자신이 달성해야 할 성과를 의식하지 않고 행동하는 것은 업무가 아니라 단순한 작업에 불과하다. 그러므로 먼저 성과를 나타내는 지표를 이해하자.

기업이 목표로 하는 최대의 성과 지표는 이익이다. 그 이익을 창출하기 위한 지표에 QCDSS라는 말이 있다. 앞의 QCD는 품질(Quality), 비용(Cost), 납기(Delivery)의 약자로, 제조 공장 등에서 자주 사용된다. 소고기덮밥 체인점 요시노야의 슬로건은 '맛있다, 싸다, 빠르다'이다. 여기에는 QCD가 그대로 담겨 있다.

남은 SS는 매출(Sales), 안전(Safety)을 말한다. 이익은 매출에서 비용을 뺀 것이므로, 매출을 늘리고 비용을 줄이면 이익을 최대

QCDSS

명칭	의미	사용하는 상황
Quality	품질	검사 NG, 불량, 반품, 클레임, 실수
Cost	비용	원가, 경비, 인건비
Delivery	납기	납부까지의 기간, 시간당 작업 효율
Sales	매출	매출 금액, 고객 획득
Safety	안전	사고, 노동재해

나선계단 형태로 발전하기 위한 활용 예

명칭	시점
Quality	어떻게 하면 품질을 더욱 높일 수 있는가?
Cost	좀 더 낮은 비용으로 하려면 어떻게 해야 하는가?
Delivery	어떻게 하면 속도를 올릴 수 있는가?
Sales	좀 더 매출에 공헌하려면 어떻게 해야 하는가?
Safety	더욱 안전하게 진행하려면 무엇이 필요한가?

화할 수 있다. 또 다른 S, 안전도 중요하다. 단 한 번의 사고로 기업은 인재를 잃을 수도 있고, 신용이 떨어지는 결과를 초래할 수도 있다.

직장의 일원인 우리는 당연히 QCDSS와 그 결과인 이익을 의식하면서 일해야 한다. 예를 들어 QCDSS를 앞서 소개한 '나선계단 형태의 발전'의 지표로 삼아보자. 업무를 반복해서 수행할 때 더욱 좋게, 더욱 낮은 비용으로, 더욱 빠르게, 더욱 큰 매출로 이어질 수 있게, 더욱 안전하게 실행하는 것이다.

그리고 그 지표를 수치로 파악할 수 있다면 훌륭한 비즈니스맨의 대열에 들어가는 셈이다. 같은 업무를 반복할 때 Plan 단계에서 '비용을 얼마나 절감할 것인가?', '얼마간의 시간 단축을 목표로 할 것인가?'라는 식으로 나선계단 형태로 발전하기 위한 목표치를 정한다. 그리고 Check 단계에서 애초 목표로 했던 성과 지표를 실현할 수 있는지 확인하고, 도달하지 못할 상황이라면 적절한 수단을 마련한다(Action).

이처럼 우수한 비즈니스맨은 사소한 업무라도 성과 지표를 의식하면서 일한다.

Point !

QCDSS를 수치로 파악하여 업무에 활용하자.

일정 관리는 긴급도와 중요도로 결정한다

아직은 부족해요 느낌 가는 대로 작업을 진행해서 기한을 어긴다.

기본은 되네요 기한을 의식해서 우선순위를 매긴다.

최고예요! 중요도를 의식해서 우선순위를 매긴다.

．．．

PDCA의 첫 단계인 Plan은 실제로 일에 착수하기까지 필요한 모든 작업을 가리킨다. 목표를 설정하고 과정을 설계하는 것이다. 필자가 예전에 건축업계에서 일한 적이 있었는데 이곳에서는 '일은 준비가 8할'이라는 말을 구호로 사용했다. 이 말은 업무 중 80퍼센트가 준비, 즉 Plan으로 정해진다는 뜻으로 모든 일에 적용할 수 있다.

그리고 Plan 단계에서 가장 중요한 일은 일정 관리다. 업무의 일정은 대부분 동시에 진행되는 경우가 많다. 하지만 사람은 한 번에 하나의 일밖에 처리하지 못한다. 따라서 손쉬운 일부터 착수하거나 느낌이 가는 대로 진행하다 보면 기한을 맞추지 못하는 등의 문제가 발생할 수 있다.

그래서 일을 할 때는 우선순위를 정해야 한다. 이때 핵심은 우선도를 측정하는 기준이다. 가장 자주 언급되는 기준은 기한이

우선순위

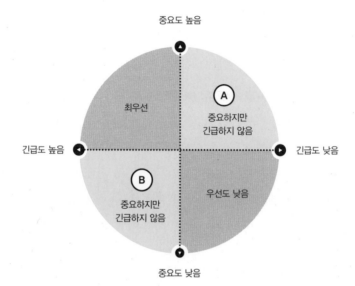

중요도 높음

최우선

(A) 중요하지만
긴급하지 않음

긴급도 높음 　　　　 긴급도 낮음

(B) 중요하지만
긴급하지 않음

우선도 낮음

중요도 낮음

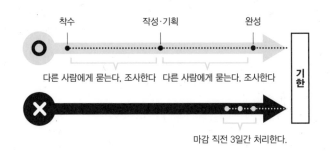

프런트 로딩

착수 　　　작성·기획 　　　완성

다른 사람에게 묻는다, 조사한다　다른 사람에게 묻는다, 조사한다

기한

마감 직전 3일간 처리한다.

촉박한 일을 먼저 하는, 즉 긴급도로 측정하는 사고방식이다. 이 기준을 틀렸다고 할 수 없지만 이것만으로 우선도를 결정하기에는 부족한 면이 있다.

유능한 비즈니스맨은 중요도를 강하게 의식한다. 중요도는 직장의 실적에 미치는 영향을 따져 나눈다. 실적에 큰 영향을 주는 안건은 아무리 긴급도가 낮아도 우선할 필요가 있다. 이때 도표의 A와 B 영역을 양립시키는 방법이 문제가 된다. B 영역의 일도 방치할 수는 없기 때문이다. 그래서 A 영역의 일에 프런트 로딩(Front Loading)이라는 방법을 활용한다. 바로 업무에 빠르게 착수하는 방법이다.

가령 고객을 대상으로 제안서를 작성해야 하는데 기한이 한

달이라고 하자. 이 일은 직장의 실적에 영향을 미치는 중요한 일이다. 제안서를 완성하는 데 3일가량 소요된다면 우선 재빨리 제안서 파일과 목차만이라도 만들어둔다. 이렇게 하면 의식이 자연스럽게 그 일로 향하게 되어 완성하는 데 무엇이 필요한지 다른 사람에게 물어보거나 스스로 조사할 수 있게 된다. 당연히 업무의 질도 올라간다.

중요도에 따라 우선순위를 정한 뒤 바로 일에 착수해야 한다.

상사의 지시를
정확하게 파악하라

아직은
부족해요

상사에게 같은 것을 두 번 물어본다.

기본은
되네요

메모하면서 한 번에 확실히 지시받는다.

최고예요!

완성 예상도로 완성된 이미지를 확인한다.

· · ·

상사가 가장 싫어하는 일은 지시한 사항을 다시 질문 받는 일이다. 그런 상황에서는 상사가 "같은 말을 몇 번이나 하게 하지 마!"라고 화를 낼 수도 있다. 이런 일이 발생하지 않도록 메모와 5W2H를 활용할 것을 추천한다.

메모하는 데에는 잊지 않겠다는 의미 외에 상대방의 말을 소중하게 받아들이고 있다는 메시지를 주는 효과가 있다. 그리고 지시 사항에 불분명한 점이 있으면 언제(When), 어디에서(Where), 누가(Who), 무엇을(What), 왜(Why), 어떻게(How), 얼마나(How much)를 이용해서 확인한다.

5W2H는 기본 도구이지만 다양한 상황에서 사용되므로 반드시 기억해두자. 이처럼 지시받은 일을 정확하게 파악하는 것은 일의 기초 수준에 해당한다.

다만 불분명한 점을 확인했다고 해도 완성품이 상사(혹은 고

5W2H

명칭	의미	지시를 받을 때의 주안점
When	언제	납기, 스케줄, 빈도
Where	어디에서	납품처, 작업 장소, 배치
Who	누가	상대방, 관계자, 역할 분담
What	무엇을	대상, 범위
Why	왜	목적, 배경, 필요성
How	어떻게	진행 방식, 사용 방법, 제약 사항
How much	얼마나	예산, 목표치, 상한치, 하한치

완성 예상도의 사례

현상

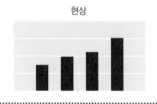

원인

대책

1. * * * * * * * * *

2. * * * * * * * * *

3. * * * * * * * * *

스케줄

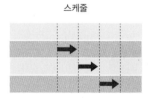

객)의 이미지에 맞지 않을 수도 있다. 그런 일을 방지하려면 완성 예상도를 활용해보자. 지시를 받은 뒤에 재빨리 완성 예상도를 작성해서 상사에게 보여주는 것이다.

예를 들어 클레임 원인을 조사한 뒤 대책을 보고하라는 지시를 받았다고 하자. 그때는 즉시 이면지를 사등분으로 접어서 완성 예상도를 작성한다. 지시를 받은 뒤 15분 이내에 완성 예상도를 만들고 상사에게 확인하는 것이 중요하다. 상사의 기억이 선명할 때 확인을 받아야 하기 때문이다. 이 간격이 커지면 상사가 상세한 내용을 잊어버리거나 "이렇게 지시했을 텐데?" 하고 착각할 수도 있다.

완성 예상도는 속도가 생명이다. 이미지만 빠르게 전달하면 되므로 항목만 문자로 쓰고 내용은 앞 사례의 [******]처럼 임시로 넣어두면 된다.

완성 예상도를 상사에게 보인 뒤 상사가 "그 방향으로 정리해 주게"라고 했다면 일의 80퍼센트는 끝난 셈이다. 그러면 완성했을 때 "이미지가 생각과 다르다"라는 말을 상사에게 들을 가능성이 작아진다. 이것도 프런트 로딩의 업무 기술이다.

Point ! **5W2H로 정확하게 지시를 받고 완성 예상도로 확인한다.**

주변 사람을
끌어들이자

아직은
부족해요

뭐든지 혼자 하려고 해서 한계에 부딪힌다.

기본은
되네요

상황을 적절히 판단하고 주변에 협력을 구한다.

최고예요!

주변 사람을 끌어들여서 어려운 일도 소화한다.

. . . .

상사는 부하직원이 뭐든지 혼자 하려 하지 않고 주변 사람들을 이용하기 바란다. 한 사람의 힘에는 한계가 있기 때문이다. 무슨 일이든 혼자 하려고 하면 언젠가 한계에 부딪히고 만다. 따라서 그렇게 되기 전에 주변 사람에게 협력을 구해야 한다. '이건 어려울 것 같아'라고 생각되면 먼저 상사나 선배에게 상황을 설명하고 협력을 구하자. 주변에 부담을 주지 않으려고 초인적인 힘을 발휘해 혼자 업무를 완수하는 것은 대단한 일이지만, 만약 한계에 부딪혀 일을 그르치면 도리어 주변에 해가 될 수 있다.

열심히 노력하면 가능할 수도 있는 빠듯한 상황에서는 "혼자서 어떻게든 처리하려고 하는데, 만약 내일 시점에 여기까지 진행하지 못한다면 도와주실 수 있나요?"라고 미리 시점을 정해서 주변 사람들에게 예고해두자. 아무 말도 없다가 갑자기 "도와주세요!"라고 사정한들 움직여줄 사람이 얼마나 되겠는가. 그러므

협력을 구할 때는 미리 말해둔다

타인을 끌어들이기 위한 세 가지 요소

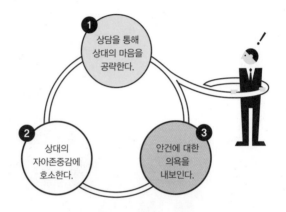

로 미리 협의해두는 것을 잊어서는 안 된다.

더욱 수준 높은 협력을 바란다면 다른 사람을 끌어들이는 방법을 사용하자. 바로 자신이 중심이 되는 프로젝트에 타인을 참가시키는 것이다. 리더에게는 필수적인 기술이라고 할 수 있으므로 당장에라도 익혀두자. 앞으로 중대한 업무에서 성과를 올리기 위해서라도 필요하다.

다른 사람을 끌어들이는 데는 세 가지 핵심이 있다.

첫째는 상담하는 방법이다. 항상 바쁘게 돌아가는 회사에서 갑자기 중대한 업무에 참가하기를 권한다고 해도 긍정적인 대답이 돌아오기는 어렵다. 그러니 처음에는 "상담하고 싶은데요"라고 말하면서 상대의 마음을 공략한다.

둘째는 의욕을 내보이는 방법이다. 업무를 완수하고 싶다는 나의 의욕을 다른 사람이 느끼면 그 사람은 자연히 그 의욕에 말려들게 된다.

셋째는 상대의 자아존중감에 호소하는 일이다. 사람은 "이건 당신이 아니면 할 수 없어요. 당신이 필요해요"라는 메시지에 움직이기 마련이다.

 협력을 구할 때는 미리 말해두고, 타인을 끌어들이는 기술도 익히자.

CONTENTS

휴먼 스킬을
익히는 방법

휴먼 스킬의
전체 모습을 파악하라

아직은
부족해요

대인관계에 서툴러서 아무 노력도 하지 않는다.

기본은
되네요

대인관계 능력을 키워야 한다고 생각한다.

최고예요!

대인관계 능력에 있어 자신의 강점과 약점을
정확히 파악하고 있다.

. . .

휴먼 스킬이란 직역하면 대인관계 능력이라고 할 수 있다. 이 것은 사람에 대해 발휘하는 능력으로 커뮤니케이션 능력이라 고 바꿔 말해도 된다. 커뮤니케이션은 '나누다'라는 뜻의 라틴어 'communicare'에서 나왔다. 이 말에는 '같은 것을 지닌다'라는 의 미가 있다. 여기에서 문제가 되는 것이 상대와 자신 사이에는 다 양한 차이가 있다는 점이다.

비즈니스 커뮤니케이션의 주된 상대인 상사, 선배, 고객은 나 이, 입장, 경험, 사고방식 등이 자신과 다른 경우가 많고 때로는 이해가 대립하기도 한다. 그런 문제들을 극복해서 상대와 마음이 통하기는 쉽지 않으며, 그것은 커뮤니케이션의 어려움으로 이어 진다. 그렇지만 커뮤니케이션은 비즈니스의 근본을 지탱하는 데 꼭 필요하다. 성과를 창출하는 과정에서 커뮤니케이션이 불필요 한 업무는 없다.

커뮤니케이션 능력의 전체 모습

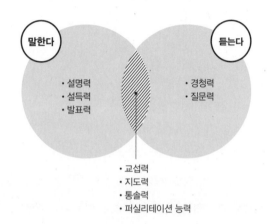

말한다

- 설명력
- 설득력
- 발표력

듣는다

- 경청력
- 질문력

- 교섭력
- 지도력
- 통솔력
- 퍼실리테이션 능력

각 커뮤니케이션 기술의 내용

명칭	내용	자기 평가
설명력	정보, 의견 등이 상대에게 전달되도록 하는 능력	
설득력	어떤 목표를 향한 상대의 태도를 바꾸는 능력	
발표력	다수의 청자를 대상으로 이야기하는 능력	
교섭력	상대와 대화하며 더욱 적절하게 합의하는 능력	
지도력	부하직원이나 후배를 가르치고 키우는 능력	
통솔력	목표 달성을 향해 팀을 결속시키고 선도하는 능력	
퍼실리테이션 능력	구성원의 의견을 이끌어내서 정리하는 사회 진행력	
경청력	상대의 이야기를 정성껏 공감하며 듣는 능력	
질문력	적절한 질문을 통해 상대에게 정보나 의견을 끌어내는 능력	

이쯤에서 우선 커뮤니케이션 능력의 전체 모습을 파악하자. 왼쪽 위의 도표가 앞으로 향상시켜야 할 커뮤니케이션 능력의 전체 모습이다. 커뮤니케이션 능력은 관리직의 자리에 올라 리더가 되는 데에도 필요하다.

다음으로는 커뮤니케이션의 기술을 아홉 가지로 나누어 자신이 직접 평가할 수 있도록 도표를 만들어놓았다. 5점을 만점으로 자기 평가란에 체크해보기 바란다. 회사에서 직급이 올라갈 때마다 자신의 능력을 점검해보자.

커뮤니케이션 능력을 지탱하는 것은 대인 감수성이다. 이것은 상대가 무슨 생각을 하는지, 어떤 기분인지 감지하는 능력이다. 물론 우리에게 타인의 마음을 꿰뚫어볼 초능력은 없으므로 항상 더 올바르게 말하고 경청할 수 있도록 신경 쓰면서 실패를 통해 배워가는 수밖에 없다. 다행히 선배들이 남겨준 커뮤니케이션 이론이 존재하므로 이번 장에서는 그런 커뮤니케이션의 이론을 습득해보자.

Point ! **커뮤니케이션 능력의 전체 모습을 파악하고 정기적으로 진단하자.**

말하는 능력을
길러라

아직은
부족해요

고개를 숙이고 소곤소곤 말한다.

기본은
되네요

상대의 눈을 보고 올바르게 말한다.

최고예요!

확실하게 단언한다.

· · ·

말하기는 커뮤니케이션을 지탱하는 핵심 요소다. 화술(話術)이 좋아지면 설명력과 설득력도 향상된다. 화술을 향상시키는 데에는 세 가지 핵심이 있다.

그중 가장 중요한 점은 상대의 눈을 보고 이야기하는 일이다. 그렇게 하지 않으면 여러 가지 안 좋은 영향이 생길 수 있다.

신입사원 연수에서 상대의 눈을 보지 않고 이야기하는 실험을 한 적이 있다. 실험이 끝난 후 대화를 나눈 느낌을 물어보자 "상대가 말하고 싶지 않은 것 같았다", "혼잣말하는 듯했다", "숨기는 게 있는 것처럼 느껴졌다", "자신이 없어 보였다"라는 부정적인 감상이 대부분이었다. 눈을 보지 않고 대화를 나누면 내용이 아무리 알차더라도 상대에게 좋은 영향을 주지 못한다.

따라서 눈을 보고 이야기해야 하는데, 이 행동에 의외로 서툰 사람이 많다. 만약 눈을 보고 말하기가 힘들다면 생각할 때는 시

훌륭한 말하기의 핵심 세 가지 표현

핵심 1   상대의 눈을 보고 말한다

눈을 보고 말하는 데 서툰 사람은
→ 생각할 때는 시선을 돌린다
→ 이야기를 들을 때만큼은 상대의 시선을 피하지 않는다

핵심 2   나(I)를 주어로 말한다

나를 주어로 말하려면
→ 'I 메시지'를 사용한다
→ "했습니다"라는 식의 능동형 표현을 쓴다

핵심 3   단언한다

각오를 보이기 위해
→ 상대의 질문에 "하겠습니다", "할 수 있습니다"라고 단언한다
→ 상대의 눈을 보고 한 번 더 단언한다

선을 돌리고 말할 때는 맞추는 방법을 연습하자. 또한 눈을 보면서 듣는 습관을 들여 시선을 맞추는 데 익숙해지도록 하는 것도 효과적이다.

둘째는 올바르게 이야기하는 일이다. 구체적으로 'I 메시지'를 사용한다. 바로 자신을 주어로 하는 표현법이다. 특히 의견을 말할 때 "나는 이렇게 생각합니다"와 같이 자신을 주어로 하여 말하도록 한다. "~라고 생각됩니다"라는 주어 없는 표현은 책임을 회피하는 듯한 인상을 줄 수 있으니 멀리하자. "그렇게 되었습니다", "이렇게 정해졌습니다"라는 문장도 주어가 없는 표현이다. "(나는) 그렇게 했습니다", "(나는) 이렇게 정했습니다"와 같이 능동형으로 이야기한다.

마지막은 확실히 단언하는 일이다. 상사나 고객이 "가능한가?"라고 물었을 때 "할 수 있습니다"라고 단언하는 것이 중요하다. "가급적 노력하겠습니다"라고 표현하는 사람은 신용을 얻지 못한다. "가능한가?"라는 질문에는 각오를 보이라는 상사의 메시지가 담겨 있다. 상대의 눈을 보고 깔끔하게 한 번 더 단언하자.

Point ! **상대의 눈을 보고 나를 주어로 표현하면서 단언하면 설득력이 올라간다.**

03

—

적절한 표현을
습관적으로 쓴다

아직은
부족해요

부적절한 표현을 습관적으로 쓴다.

기본은
되네요

부적절한 표현은 사용하지 않는다.

최고예요!

적절한 표현을 습관적으로 쓴다.

· · ·

아무리 업무를 확실히 처리하는 사람이라도 부적절한 표현을 습관적으로 쓴다면 주변에 부정적인 인상을 남겨 손해를 볼 수 있다. 가령 상사가 "그 일은 처리했나?"라고 물었는데 "일단 했습니다"라고 말하는 사람이 있다고 하자. 그런 사람은 어떤 질문을 해도 "일단 완성했습니다", "일단 생각해봤습니다"라고 '일단'을 연발한다. 이럴 때 '일단'은 좋지 않은 표현이다. 계속 이런 식으로 표현하다가는 본인의 평가가 떨어지는 결과를 초래한다.

부적절한 표현은 크게 세 가지 패턴으로 나눌 수 있다.

첫째는 모호한 표현이다. '일단'은 이 패턴에 속하는 대표적인 표현으로, 일이 확실하게 끝나지 않은 느낌을 주므로 상대가 조바심을 느낀다. 주어 없이 "~라고 생각됩니다"라고 말하는 것도 누가 그렇게 생각하는지 확실하지 않은 모호한 표현이다.

둘째는 발뺌하는 표현이다. "가능하면 ~하고 싶습니다"라는

━━━━━ **비즈니스에서 쓰는 부적절한 표현과 적절한 표현** ━━━━━

NG   습관적으로 쓰기 쉬운 부적절한 표현

모호한 표현

- 일단 ~했습니다
- ~라고 생각됩니다
- ~일지도 모릅니다

발뺌하는 표현

- 가능하면 ~하고 싶습니다
- 간단히(금방) 될 수 있는 일은 아닙니다
- 목 상태가 좋지 않아서 듣기 괴로우시겠지만

결론이 느린 표현

- 전제(배경)부터 말씀드리면
- 한마디로 말하기는 어렵지만
- 먼저 ~그다음에 ~그다음에

OK   자주 쓰기 이로운 적절한 표현

- 결론부터 말씀드리자면
- 한마디로 말하자면
- 간단히 말해서
- 원인(문제/이점)은 ○가지 있습니다. 첫째는~
- 예를 들어
- 구체적으로

식으로 말하면 일이 제대로 안 되었을 경우를 대비하여 미리 빠져나갈 궁리를 한다는 인상을 줄 수 있다. 모호한 표현과 발뺌하는 표현은 앞서 설명했던 '나'를 주어로 단언하는 방법으로 개선할 수 있다.

마지막으로 결론이 느린 표현이다. 상대가 듣고 싶은 중요한 사항이나 전체 모습을 쉽게 보여주지 않는 것이다. 업무에 쫓기는 상사나 선배는 대부분 결론부터 듣고 싶어 하기 때문에 "배경부터 말하자면", "먼저~ 그다음에~"라는 표현을 싫어한다. 그러므로 상대가 듣고 싶어 하는 말을 순서대로 간결하게 이야기하는 것이 효과적이다. 바로 결론부터, 전체 모습부터 말하면 된다.

"결론부터 말씀드리자면", "한마디로 말하자면", "문제가 두 가지 있습니다. 하나는~" 같은 표현을 사용하면 상대가 원하는 말이 곧 나온다는 사실을 알고 당신의 말을 경청할 것이다. 이러한 표현에 능숙해지면 상사에게 하는 일상적인 업무 보고를 잘하게 될 뿐 아니라 프레젠테이션 실력 향상에도 도움이 될 것이다.

상대가 듣고 싶어 하는 결론과 전체 모습을 표현하는 습관을 들이자.

보고, 연락, 상담의
진정한 의미를 파악하라

아직은 부족해요

보고, 연락, 상담에 별로 신경 쓰지 않는다.

기본은 되네요

보고, 연락, 상담의 진정한 의미를 알고 있다.

좋고에요!

보고, 연락, 상담의 의미를 상사에게 확인한다.

· · ·

비즈니스 커뮤니케이션 중에서 보고, 연락, 상담이 중요하다는 사실은 잘 알려져 있다. 그런데 최근 새삼스럽게 그 중요성이 높아지고 있다. 상사가 부하직원의 움직임을 파악하기 어려워졌기 때문이다.

요즘은 업무의 대부분을 PC와 스마트폰 등 IT 기기로 처리하는 추세이다 보니 상사가 부하직원의 모습만 봐서는 무슨 업무를 하고 있고, 어떤 상황에 놓여 있는지 알기 어렵다. 따라서 제대로 부서를 관리하기 위해 상사가 부하직원에게 보고, 연락, 상담을 요구하는 것은 당연한 일이다.

그런데 부하직원 중에는 보고, 연락, 상담이라는 말을 듣기만 해도 얼굴을 찌푸리는 사람이 적지 않다. 물론 여기에는 상사의 탓도 있다. 상사가 "보고, 연락, 상담을 제대로 해주게"라는 말만 되풀이할 뿐 구체적으로 어떻게 해주었으면 하는지 확실히 말하

상사와의 업무 연결

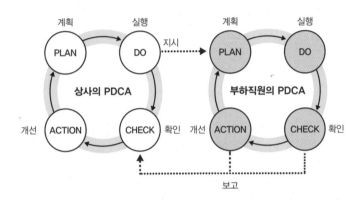

보고, 연락, 상담의 의미

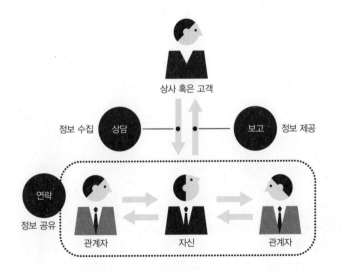

지 않기 때문이다. 그저 빨리 해달라고 재촉하거나 정확하게 하라고 말할 뿐이다. 이처럼 보고, 연락, 상담을 요구하는 상사와 보고, 연락, 상담에 적극적이지 않은 부하직원이라는 구도는 어느 직장에나 존재하는 문제다. 보고, 연락, 상담의 의미를 정리하자면 다음과 같다.

- [보고] 업무의 발주자에게 진도, 상황, 결과를 전달하는 정보 제공 서비스
- [연락] 업무를 진행하기 위해 관계자에게 정보를 공유
- [상담] 문제를 해결하기 위해 타인에게 의견과 조언, 판단을 구하는 정보 수집

이처럼 보고, 연락, 상담의 의미는 각기 다르다. 그런데 이 의미를 모호하게 파악하는 상사도 적지 않다. 그러므로 상사에게 보고, 연락, 상담을 하면서 "이렇게 생각해도 되겠습니까?"라는 식으로 확인해두면 상사와의 사이에 공통적인 의식이 생겨서 업무를 원활하게 진행할 수 있다.

보고, 연락, 상담의 진정한 의미를 알고 상사와 서로 확인하자.

최적의 타이밍에
간결하게 보고하라

아직은
부족해요

상사가 질문할 때까지 보고하지 않는다.

기본은
되네요

상사가 질문하기 전에 타이밍을 맞추어
간결하게 보고한다.

최고예요!

보고하는 내용에 플러스알파를 더한다.

· · ·

보고는 발주자에게 정보를 제공하는 서비스다. 여기에서 키워드는 서비스라는 말이다. 상대가 요구해서 실행하는 일은 서비스라고 할 수 없다. 예를 들어 레스토랑에 어린아이를 데리고 온 가족이 있다고 하자. 고객이 말하지 않아도 어린이용 의자를 제공하는 행동은 서비스다. 고객이 요청해서 가져온다면 서비스가 아니다.

보고도 이와 비슷하다. 이때 중요한 것은 타이밍과 간결함이다. 보고하는 데 가장 이상적인 타이밍은 상대가 바라는 시점이다.

가령 임원 회의가 잡혀 있다면 상사가 바라는 보고 타이밍은 회의가 열리기 2, 3일 전이다. 회의에서 팀의 움직임을 상급자에게 보고해야 하므로 상사는 그 준비를 위해 팀원이 담당하는 안건의 진행 상태를 알아두어야 한다. 그런 타이밍에 부하직원이 알아서 보고해준다면 당연히 고마울 수밖에 없다. 보고한 뒤 상사가 "그거 마침 물으려고 했었어"라고 할 때가 바로 최적의 타이

보고의 세 가지 원칙

원칙	대화 예
❶ 결론부터 말한다	결론부터 말하자면
❷ 전체 모습부터 말한다	한마디로 말하자면 or ○가지 있습니다
❸ 사실과 의견을 나눈다	사실은 이렇습니다. 저는 ~라고 생각합니다

보고에 플러스알파를 더한다

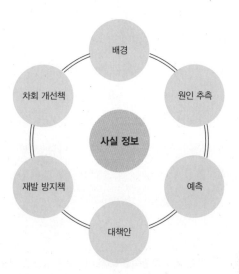

밍이다.

간결함은 보고의 세 가지 원칙을 활용하면 제대로 구사할 수 있다. 왼쪽에 정리한 보고의 세 가지 원칙을 활용하면 다음과 같이 간결하게 내용을 표현할 수 있다.

"프로젝트의 진척 상황에 대해 보고드리겠습니다. 결론부터 말씀드리면 계획보다 일주일 늦어지고 있습니다. 늦어진 원인은 한마디로 팀원의 결석이 잦기 때문입니다. 저는 이 프로젝트의 중요성을 팀원들이 이해하지 못하고 있다고 생각합니다."

만약 원인이 여러 가지라면 "원인은 두 가지 있습니다. 하나는 ~"이라는 식으로 말하면 전체 모습을 빠르게 전달할 수 있다.

보고할 때 사실만 전달하지 않고 플러스알파를 더한다면 당신은 '최고예요' 수준이 될 수 있다. 가령 위에서 예로 든 프로젝트 진척 상황을 보고할 때 예초 계획보다 일정이 늦어지는 것에 대한 해결 방안을 덧붙이는 식이다. 보고란 자신의 업무 성과를 상사에게 올바르게 전달하는 프레젠테이션이라고 생각하자. 최적의 타이밍에 적적하게 보고할 수 있다면 좋은 평가를 받게 될 것이다.

보고는 세 가지 원칙을 토대로 실행하되 플러스알파를 덧붙이자.

내용이 확실히
전달될 수 있도록 연락한다

아직은
부족해요

'메일을 보내두면 괜찮겠지'라고 생각한다.

기본은
되네요

말한 바가 전해졌는지 확인한다.

최고예요!

상대에 따라 적절하게 관리한다.

· · · ·

연락은 수평적으로 정보를 공유하는 활동이다. 그리고 연락의 목표는 관계자 전원이 정보를 확실히 공유하는 것이다. 그런 목표를 충족시키면 프로젝트에서 중요한 역할을 부여받게 되며 장래 프로젝트 리더로서 일을 해나갈 때 도움이 된다.

그런데 연락은 다수의 상대와 이루어지는 경우가 많다. 그중에는 입장, 지식, 기술이 다른 상대가 섞여 있기도 하다. 따라서 각기 정보를 받아들이는 그릇이 다를 수밖에 없다.

이런 상황에서 효율적으로 정보를 공유하려면 세 가지를 실행해야 한다. 바로 ① 문서의 발행, ② 확인, ③ 관리다. 문서로 작성해두면 관계자에게 같은 정보를 보내는 데 도움이 된다. 문서는 연락의 토대가 되며, 보통 참조(CC) 메일로 여러 사람에게 함께 보낸다.

그러나 아무리 알기 쉽게 문서를 작성했더라도 그것만으로 뜻

━━━━━━ **연락의 흐름도** ━━━━━━

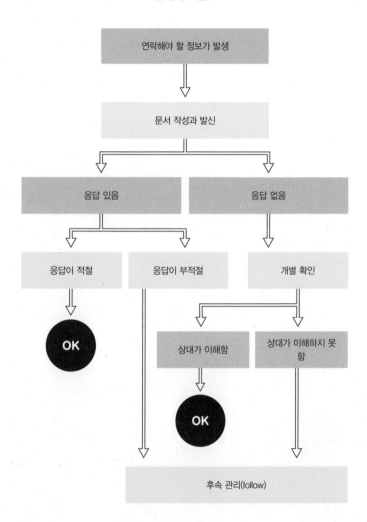

이 전해졌다고 단정할 수 없으므로 확인이 필요하다. 하지만 모든 사람을 확인하는 데에는 시간이 걸린다. 그러므로 알겠다는 답신을 보낸 사람은 확인 대상에서 제외해도 된다.

문제는 응답이 없는 사람이다. 그 사람은 보낸 문서를 읽지 않았을지도 모른다. 이때부터는 참조 메일이 아니라 개별적으로 연락한다. 메일 대신 전화를 이용하는 것도 효과적이다. 메일을 부지런히 읽지 않는 사람도 있고, 전화하는 편이 좀 더 빠르게 확인할 수 있기 때문이다.

마지막은 관리다. 연락하는 상대 중에서는 전제가 되는 기본 사항을 잘 모르는 사람도 있다. 그런 상대에게는 개별적인 관리가 필요하다. 이때도 전화하거나 직접 만나서 이야기하는 방법이 적절하다.

연락을 잘하는 사람이라는 말은 업무를 잘하는 사람이라는 말과 같다. 그런 비즈니스맨을 목표로 삼고 연락을 소홀히 여기지 말자.

Point ! **연락은 문서 발행, 확인, 관리를 통해 정보를 공유하자.**

물어볼 일을
구분하라

아직은
부족해요

누구에게도 물어보지 않고 혼자 떠안는다.

기본은
되네요

필요할 때 상사에게 물어본다.

최고예요!

상대에게 부담을 주지 않는 상담을 한다.

. . .

상사들 중에는 부하직원이 상담하러 오지 않는 데 대해 불만을 품고 있는 사람이 있다. 실제로 관리직에 있는 사람에게서 "물어 보면 바로 문제를 해결할 수 있을 텐데 인터넷에서 조사하는 부하직원이 있어요"라는 말을 종종 들었다. 반면 부하직원들에게 "어째서 상사나 선배에게 상담하지 않나요?"라고 물으면 "바빠 보여서 상담하기가 꺼려져요"라는 이야기를 자주 들었다. 그러나 애석하게도 그런 생각은 상사나 선배에게 닿지 않는다.

상담은 역시 하는 편이 낫다. 하지만 그렇다고 뭐든지 상담하려 들면 "일일이 물어보지 마! 스스로 생각할 때도 있어야지"라고 말하는 상사나 선배도 있을 것이다. 그래서 상담해야 할 일과 스스로 판단할 일을 적절히 구분할 필요가 있다.

이때는 중요도, 즉 직장의 실적에 미치는 영향도가 핵심이 된다. 상담은 문제를 해결하기 위해 정보를 수집하는 활동이다. 그

상담의 흐름도

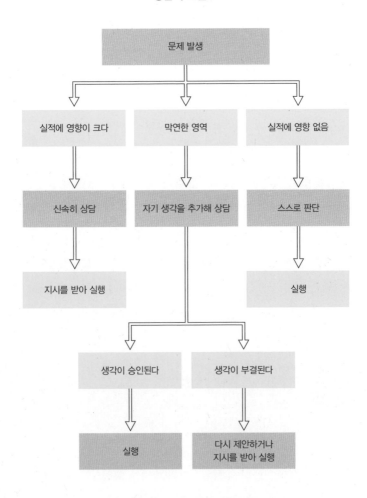

상담 시 자기 생각이 다수의 해결책이라면 더욱 좋다.

문제가 회사의 실적과 평판에 영향을 미치는 일이라면 상사와 상담해야 하며 영향이 없으면 스스로 판단해도 된다.

어려운 것은 영향도가 중간 정도인 막연한 문제를 다루는 일이다. 이 경우도 상담하는 편이 낫지만 먼저 고민해야 한다. 상담하려고 하면 "스스로 생각할 때도 있어야지"라고 말하는 상사나 선배는 대답을 생각하는 데 부담을 느끼므로 그 부담감을 덜어주어야 한다. 그러기 위해 바람직한 방법은 자기 나름대로 해결책을 제안하는 일이다.

예를 들어 고객에게 클레임이 들어왔을 때 내가 "어떡하지?" 하고 발만 구른다면, 상사나 선배가 대신 해결책을 생각해야 한다. 그럴 경우 "1만 5,000원의 배송비를 무료로 해주는 방법으로 해결하고 싶은데, 어떻습니까?"라는 자기 나름의 해결책을 제안해보자. 그러면 상사나 선배의 부담감을 줄여줄 수 있다.

Point !

실적에 영향이 있는 일은 상담하고, 자기 나름대로 해결책을 제안하자.

CONTENTS

CHAPTER

3

상사, 선배, 고객을 대하는 방법

상사, 선배는 나 자신에게
어떤 존재인가

상사와 선배는 무언가를 해주는 존재라고 생각한다.

기본은
되네요

고민하고 노력해서 상사와 선배와
좋은 관계를 구축한다.

최고예요!

상사는 고객이고,
선배는 넘어서야 할 존재라고 생각한다.

. . .

비즈니스 커뮤니케이션의 주요 등장인물은 상사, 선배, 고객이다. 여기에 타 부서의 사원, 외부 비즈니스 파트너까지 포함한 사람들과도 원활한 관계를 구축해야 한다. 이 중에 자신에게 가장 영향력이 있는 등장인물은 역시 상사다. 우리에게 역할과 업무를 부여하고, 필요할 때 도움을 주는 존재이기도 하며, 때로는 곤란한 장애물이 되기도 하기 때문이다.

필자는 상사를 사내 클라이언트라고 생각하고 일할 것을 추천한다. 클라이언트란 고객을 말한다. 고객은 업무, 매출, 이익을 주는 중요한 존재다. 자사의 운명은 고객에게 달려 있으므로 압도적으로 우위인 입장이라고 할 수 있다. 고객은 때때로 제멋대로 굴거나 불합리한 의견을 제시하기도 한다. 우리는 그런 부분에 대응하면서 매출 이익을 더욱 높일 수 있는 방안을 강구해야 한다.

상사도 마찬가지다. 상사는 업무, 역할, 기회를 주고 우리를 평

커뮤니케이션의 대상

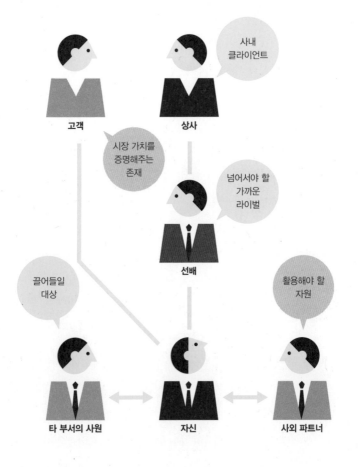

가하는 중요한 존재다. 우리 운명은 상사에 달려 있다고 해도 과언이 아니다. 따라서 우리는 상사에게 더욱 커다란 기회를 얻어서 평가받도록 노력할 필요가 있다.

한편 선배는 내가 넘어서야 할 가까운 라이벌이다. 때로는 나를 도와주거나 치유해주는 존재이지만 결코 진짜 가족이 아니다. 고민하고 노력해서 원만한 관계를 구축할 필요는 있지만, 그것은 자신에게 더욱 좋은 업무 환경을 만들기 위한 수단이며 목적이 아니다.

그리고 고객은 본인의 시장 가치를 증명해주는 존재다. 고객에게 인정받으면 상사도 선배도 자신을 인정해줄 것이다.

Point !　　**상사, 선배, 고객과 각각 적절한 커뮤니케이션을 하자.**

잘 듣는 방법은
따로 있다

아직은
부족해요

상대로부터 "무슨 말인지 알겠어?"라는
말을 들을 때가 있다.

기본은
되네요

상대의 이야기를 제대로 듣는다.

최고예요!

상대가 좀 더 말하고 싶을 정도로 경청한다.

· · ·

회사생활에서는 '듣기'가 말하기 못지않게 중요하다. 잘 듣는 것
은 좋은 인간관계를 형성하는 데도 도움이 되는 기술이다.

그런데 본인은 제대로 들으려고 해도 상대가 그렇게 느끼지
않는다면 문제가 된다. 상사에게 "무슨 말인지 알겠어?"라는 말을
듣는 사람은 특히 주의를 기울여야 한다. 상사는 "반응이 없는데,
제대로 듣고 있는 거야?"라는 의미로 말하는 것이다.

상대의 말을 제대로 듣는 자세에는 세 가지 핵심이 있다.

첫째는 상대의 눈을 보고 듣는다. 앞에 자료가 놓여 있으면 무
심코 자료에만 눈길을 줄 수 있으므로 주의해야 한다.

둘째는 호응이다. 상대의 말에 호응하지 않으면 자칫 반응이
없는 듯이 보인다. 이때 상대의 리듬에 맞게 맞장구를 치는 것이
이상적인데, 좋은 연습 방법이 있다. 텔레비전의 뉴스에서 원고를
읽는 아나운서를 잘 보기 바란다. 스스로 살짝 고개를 끄덕이며

능숙하게 듣기 위한 세 가지 핵심

핵심 1 상대의 눈을 보고 듣는다

핵심 2 분위기 좋게 호응한다

→ 상대의 리듬에 맞춰 고개를 끄덕인다

→ 다양한 표현으로 맞장구를 친다
※ "네", "아아", "알겠습니다"와 같은 세 종류

핵심 3 중요한 키워드를 반복해 확인한다

말하는 모습을 볼 수 있다. 그 모습에 맞추어 고개를 끄덕여보자. 그리고 끄덕일 때 "네", "아아"라는 말을 덧붙인다. 상대는 자신의 리듬으로 대화하면 편안해지고 좀 더 이야기하고 싶어진다. 또한 호응하는 표현은 "네", "아아", "알겠습니다"와 같이 세 종류 정도로 다양하게 구사하면 단조롭지 않고 효과적이다.

바람직한 듣기 자세의 마지막 핵심은 상대의 말을 반복해 확인하는 일이다. 상대가 강조하는 말은 중요한 키워드이므로 그것을 반복해 말한다. 가령 상사가 "이번 분기는 신규 개척을 가장 중요한 주제로 삼겠네"라고 말했다면 "신규 개척이군요"라고 응답한다. 그러면 상사는 '중요한 사항이 제대로 전해졌구나'라고 안심하게 된다.

이런 자세로 상대의 말을 들으면 "무슨 말인지 알겠어?"라는 말이 나오지 않게 될 뿐 아니라 듣기에 능숙한 사람으로 자리매김하게 된다.

Point !

상대의 눈을 보고 리듬에 맞게 호응하며 중요한 사항은 반복해 확인한다.

능숙한 사과 방법을 익혀라

아직은 부족해요 사과하더라도 변명하는 데 급급하다.

기본은 되네요 상대가 납득할 수 있도록 사과한다.

최고예요! 이야기가 깔끔하게 마무리되도록 사과한다.

• • •

다른 사람에게 머리 숙여 사과하는 것을 좋아하는 사람이 어디 있겠는가. 누구나 가급적 사과하는 상황이 생기지 않기를 바란다.

하지만 업무를 하다 보면 사과할 수밖에 없는 상황이 반드시 발생한다. 그럴 때 자신은 사과하는 마음으로 말해도 상대에게는 변명으로만 들리기도 한다. 알맞은 사과 방법이란 무엇일까? 상대가 고객이든 상사든 선배든 사죄하는 순서는 정해져 있다. 바로 '사과→ 결과→ 원인→ 대응·재발 방지책'이다.

예를 들어 처음에 "정말 죄송합니다. 납품 수를 착각했습니다"라고 사과의 말과 결과를 단도직입적으로 전달한다. 그리고 "원인은 제가 숫자를 잘못 읽었기 때문입니다"라고 자신의 잘못을 인정하는 일이 중요하다. 이런 경우 자칫하면 "고객님이 쓴 발주서의 숫자가 읽기 힘들어서⋯⋯"라고 내가 아닌 다른 사람의 탓으로 돌릴 우려가 있다. 실제로 그렇다고 해도 그 이야기만 한다

상대가 납득하는 사과 방법

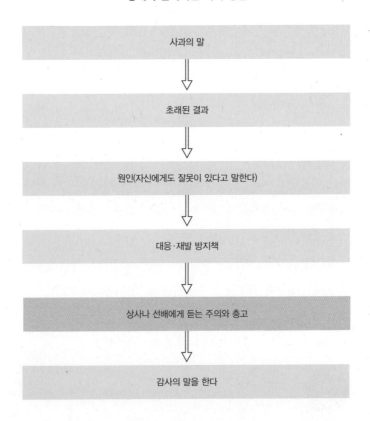

사과의 말

↓

초래된 결과

↓

원인(자신에게도 잘못이 있다고 말한다)

↓

대응·재발 방지책

↓

상사나 선배에게 듣는 주의와 충고

↓

감사의 말을 한다

면 상대는 납득하지 못할 것이다.

가령 "숫자를 읽기 어려웠지만, 제가 확인할 일이었습니다"라고 자신에게도 잘못이 있음을 인정하는 편이 상대를 빠르게 납득시킬 수 있다. 그다음은 대응을 해야 하는데, "앞으로 읽기 어려운 숫자는 상대방에게 확인하도록 하겠습니다"라는 식으로 재발 방지책을 밝히며 마무리한다. 이것이 상대가 납득할 수 있는 사과 방법이다.

이때 상사가 "배송지의 주소도 읽기 어려운 경우가 있으니 확인하도록 해"라고 충고할 수도 있다. 그때는 "주의하겠습니다"라는 말뿐 아니라 "감사합니다"라고 한마디 덧붙이자. 그런 말을 들으면 상사는 기분이 상쾌해진다. 주의를 받았을 때도 마찬가지다. 상사나 선배에게 주의나 충고를 들었다면 마지막에는 반드시 감사의 표현으로 마무리하자.

Point !

'사과 → 결과 → 원인 → 대응·재발 방지책'의 순서로 사죄한다.

경의를 표하는
올바른 방법을 습득하라

아직은
부족해요 → 상대가 듣고 싶지 않은 말을 한다.

기본은
되네요 → 적절한 표현으로 경의를 표한다.

최고예요! → 상대의 기분이 좋아지도록 칭찬한다.

．．．

상사나 선배, 타 부서의 사원은 만일의 경우 협력해주는 소중한 존재다. 그런 사람들의 기분을 좋게 하는 일에는 자신의 업무 환경을 구축한다는 중요한 의의가 있다. 상대의 기분을 좋게 하려면 경의를 표하는 방법이 가장 바람직하다. 경박하게 아첨하라는 뜻이 아니라 자신이 존경할 수 있는 점을 술술 말로 표현하라는 것이다.

이때 표현하는 방법을 잘 골라야 한다. 가령 상사를 향해 "과장님은 업무를 참 빨리 처리하시네요!"라고 말했다고 하자. 본인은 존경하는 마음으로 칭찬하려고 했어도 순순히 받아들이지 않는 상사도 있다. 코멘트 중에 평가의 뉘앙스를 감지하고 '자네한테 그런 말을 듣고 싶지 않아'라고 느낄 수도 있기 때문이다. 존경하는 마음으로 한 말이 역효과를 부르는 셈이다. '과장님은'처럼 상대를 주어로 칭찬하면 평가의 뉘앙스가 섞이므로 주의하도록 한다.

만일의 경우 자신에게 협력해줄 사람들

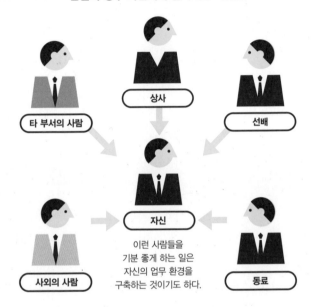

타 부서의 사람

상사

선배

자신

이런 사람들을
기분 좋게 하는 일은
자신의 업무 환경을
구축하는 것이기도 하다.

사외의 사람

동료

경의를 표하는 네 가지 방법

메시지 타입	효과	해설
you 메시지	△	"과장님은 업무를 참 빨리 처리하시네요"라는 표현. 상대에 따라서는 평가의 뉘앙스를 느낀다.
I 메시지	◎	"저도 과장님처럼 빠른 속도로 업무를 처리하고 싶어요"라는 표현이 더 효과적이다.
We 메시지	○	"모두 과장님을 존경하고 있습니다"라는 표현. 모두가 누구인지 조금 명료하지 않다.
감사	◎	"어려울 때 충고해주셔서 감사하고 있습니다"라는 표현. 언제, 어디서나 효과적이다.

그렇다면 바람직한 칭찬 방법은 무엇일까?

같은 말이라도 자신을 주어로 해서 "(저도) 과장님처럼 빠른 속도로 업무를 처리하고 싶어요"라고 말하면 평가의 뉘앙스가 없어진다. 선배에게 "(저는) 목표로 하고 있어요"라는 식으로 말하면 상대는 순수하게 받아들이고 기뻐한다.

감사의 표현도 자신을 주어로 한 칭찬의 말이다. "항상 충고해주셔서 (저는) 감사하고 있어요", "곁에 경험이 풍부한 선배가 계셔서 (저는) 참 다행이에요"라는 식으로 여러 가지 상황에서 사용할 수 있다.

대인관계의 기술은 장차 리더가 되었을 때 팀원을 움직이는 능력으로도 연결된다. 먼저 가까운 사람들을 기분 좋게 하는 코멘트를 연습하자.

경의를 표할 때는 자신을 주어로 하자. 감사는 언제 어디서나 효과적인 표현이다

잡담하는 능력도
필요하다

아직은
부족해요

잡담하는 데 서툴러서 무조건 피한다.

기본은
되네요

나이 차이가 나는 상대와도 잡담을 한다.

최고예요!

잡담을 통해 인간관계를 깊게 다진다.

. . .

비즈니스를 하다 보면 잡담이나 세상 돌아가는 이야기를 해야 하는 상황이 종종 생긴다.

일본전산 사장인 나가모리 시게노부(永守重信)는 신입사원들에게 "이제부터는 영어 능력과 잡담 능력이 필요하다"라고 말한다. 그만큼 잡담이 뜻밖에도 중요한 비즈니스 기술로 여겨지는 것이다.

젊은 사원들 중에는 잡담을 불편하게 여기는 사람이 많다. 특히 "나이 차이가 많이 나는 상대와 무슨 이야기를 해야 할지 모르겠다"라는 의견이 심심찮게 나온다.

사실 잡담은 말하기보다 듣기가 중요하다. 내가 말하기보다 상대가 이야기하게 만들어야 하는 것이다. 그러려면 질문을 잘 던져야 한다. 이때 질문은 Yes와 No로 대답이 한정되는 닫힌 질문과 자유롭게 대답할 수 있는 열린 질문 두 가지로 나뉜다.

질문의 종류

대답이 Yes와 No로 한정된 질문   자유롭게 대답할 수 있는 질문(5W2H)

열린 질문의 사용 사례

종류	의미	취미(거리 산책)의 질문
When	언제	언제 거리를 걷습니까?
Where	어디에서	어느 거리를 걷습니까?
Who	누가	거리 산책은 누구와 함께하나요?
What	무엇을	거리를 산책하다가 무엇에 눈이 가나요?
Why	왜	거리 산책을 시작한 계기는 무엇인가요?
How	어떻게	거리 산책은 어떻게 하십니까?
How much	얼마나	몇 시간이나 걷습니까?

재료로 쓸 말	가장	가장 좋은 것을 고르는 즐거움을 준다
	앞으로	계획을 세우는 즐거움을 준다
	만약	공상하는 즐거움을 준다

잡담에서 주된 역할을 하는 것은 열린 질문이다. 열린 질문이란 5W2H를 가리킨다. 예를 들어 "취미가 있습니까?"는 닫힌 질문이고 "취미가 무엇입니까?"는 열린 질문이다.

열린 질문을 사용하면 화제를 넓힐 수 있다. 취미 이야기를 하다가 상대가 "거리 산책을 좋아해요"라고 말했다면, "최근에는 주로 어느 곳을 가십니까?", "어느 분과 함께 가십니까?", "거리 산책을 왜 좋아하게 되셨나요?"라고 물어볼 수 있다. 그리고 상대가 이야기하는 동안에는 앞서 소개한 적절한 듣기 자세를 취한다. 이렇게 상대에게 여러 가지 이야기를 하게 하면 원활하게 잡담을 이어나갈 수 있다.

게다가 다양하게 질문하는 데 필요한 재료 단어도 기억해두자. '가장', '앞으로', '만약'이라는 말을 예로 들 수 있다. "가장 좋아하는 거리는 어디인가요?"라고 물으면 상대는 대답을 고르는 즐거움을 느낀다. 이런 재료들을 효과적으로 사용하면 잡담을 통해 상대를 기분 좋게 할 수 있다.

열린 질문을 이용하되, 상대를 즐겁게 하는 재료를 더하자.

불편한 상대를
극복하라

아직은
부족해요

불편한 상대는 무조건 피한다.

기본은
되네요

누구에게나 대응할 수 있다.

최고예요!

상대의 유형을 알고 최적으로 대응할 수 있다.

. . .

상사, 선배와의 관계가 삐걱거리면 비즈니스 인생에 금이 가기 시작한다. 상사나 선배는 내가 고를 수 없으므로 어떤 상대와 일하게 되더라도 대응할 수 있는 능력을 터득해야 한다. 그러려면 자신이 불편하다고 느끼기 쉬운 유형과 그 유형의 사람에게 대응하는 이상적인 방법을 알아둘 필요가 있다.

사람을 유형별로 확실히 나누어 대응 방법을 생각해보자.

유형에 관한 이론 중 비교적 일반적인 '소셜스타일 이론'에서는 사람을 네 가지 유형으로 나누고 있다. 바로 표출형(금방 결정하고 바로 움직이는 직감적이고 행동적인 사람), 주도형(어떤 일이든 합리적으로 진행하려고 하는 성과적이고 효율적인 사람), 우호형(수동적이고 협조적인 온화한 사람), 분석형(모든 일을 신중하게 생각하는 사람)이다.

당신은 어느 유형에 가까운가? 다음 도표를 보자. 대각선으로

인재 유형

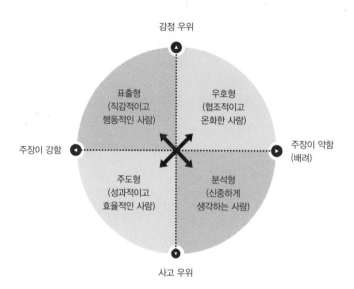

유형별 대응

유형	대응법
표출형 **(직감적이고 행동적인 사람)**	대략적인 밑그림을 그리고 일을 빠르게 한다. 한마디로 말한다.
주도형 **(성과적이고 효율적인 사람)**	들은 대로 일한다. 단도직입적으로 간결하게 말한다.
우호형 **(협조적이고 온화한 사람)**	일에 관해 상담하면서 자주적으로 움직인다. 정중히 말한다.
분석형 **(신중하게 생각하는 사람)**	계획적으로 움직이며 일한다. 자료나 데이터를 토대로 말한다.

대립하는 영역이 서로 불편하다고 느끼기 쉬운 유형이다. 대각선으로 대립하는 유형은 서로 감각이 크게 다르므로 '어째서 저 사람은 이런 말을 하는 거지?'라고 필사적으로 생각해도 답을 발견할 수 없다. 그러니 억지로 이해하려들지 말고 상대방 유형에 맞게 대응하자.

눈앞에 불편한 상사나 선배가 있으면 상황은 괴롭지만, 앞으로 그런 유형에 대응하는 능력을 높일 좋은 기회라고 생각하자. 요령을 피워 그 사람을 피한다 하더라도 결국 비슷한 유형의 사람을 다시 만나기 마련이다. 지금 불편하게 느껴지는 유형에 대응하는 능력을 길러두면 앞으로 만나는 같은 유형의 사람에게도 대응할 수 있는 능력이 생긴다.

사실 도표에서 대각선으로 만나는 두 영역은 서로를 불편하게 여기기 쉽지만 서로 보완할 수 있는 최고의 한 쌍이기도 하다. 자신에게는 서툰 분야가 상대에게는 능숙한 분야이기 때문이다. 상대는 내 약점을 보완해주는 존재이자 내 약점을 개선하는 데 필요한 본보기도 된다는 사실을 잊지 말자.

불편한 유형의 사람은 서로 보완할 수 있는 존재라고 생각하자.

생각은
하고
고백하는
건가요?

CONTENTS

4

기획력,
문제 해결력을
높이는 방법

콘셉추얼 스킬을
갈고닦아라

아직은
부족해요

> 상사에게 "스스로 생각 좀 해"라는 말을
> 자주 듣는다.

기본은
되네요

> 비즈니스에 필요한 사고력을 알고 있다.

최고예요!

> 사고력을 늘리는 방법을 알고 실천하고 있다.

. . .

매사 자신의 머리로 생각하지 못하면 회사에서 비즈니스맨으로 서 제 몫을 해내기 어려워진다. 회사에서 진행되는 업무는 기획 을 하고, 문제를 해결하고, 개선을 제안하는 것으로 모두 이리저 리 따지며 생각해야 하는 일이다. 그러려면 두뇌 근육을 단련할 필요가 있다.

이번 장에서 소개할 콘셉추얼 스킬은 말하자면 업무에 쓰는 두뇌 근육이라고 하겠다. 두뇌 근육은 학생 시절의 성적과는 별 로 상관이 없다. 시험에서 만점을 받는 일과 업무에서 성과를 창 출하는 일은 머리를 쓰는 방법이 다르다. 두뇌 근육은 타고나는 것이 아니라 후천적 노력으로 강화할 수 있기 때문이다.

비즈니스에 관련된 과제에는 정답이 정해져 있지 않거나 아무 도 정답을 모르는 일조차 수두룩하다. 그 틈에서 스스로 두뇌를 회전하여 성과를 내려면 어떻게 해야 할까? 기획과 문제 해결, 개

사고력의 내용

구분하는 능력

정리하는 능력

창출하는 능력

세 가지 사고력을 기르는 방법

종류	기르는 방법
구분하는 능력(분류력)	평상시 사람, 물건, 정보 등 수많은 대상에 대해 몇 가지로 구분하는 방법을 생각한다.
정리하는 능력(요약력)	잡담할 때를 포함하여 평상시 "한마디로 말하자면", "딱 잘라 말하자면", "간단히 말해서"라는 표현을 자주 쓴다.
창출하는 능력(발상력)	무슨 일을 결정할 때 아이디어를 다수 내고 그중에서 고르는 습관을 들인다.

선을 제안하기 위해 필요한 능력에는 세 가지가 있다. 그것은 ① 구분하는 능력, ② 정리하는 능력, ③ 창출하는 능력이다.

구분하는 능력이 있는 사람은 AKB48(일본의 여성 아이돌 그룹. 5개의 팀으로 이루어져 있으며 멤버 수가 120명 이상이다 -옮긴이)을 잘 모르더라도 멤버를 분류하는 방법을 금방 열 가지 정도 말할 수 있다. 생년별, 출신지별, 유닛 활동 여부 등의 관점으로 누락이나 중복되는 부분 없이 깔끔하게 분류한다. 이것은 고객을 분류해서 최적의 마케팅 방법을 생각하는 능력으로 연결된다.

정리하는 능력이 있는 사람은 자신의 직장에서 하고 있는 다양한 업무를 한마디로 나타낼 수 있다. 이것은 여러 고객의 목소리를 집약해서 서비스를 향상하는 데 도움이 된다.

창출하는 능력이 있는 사람은 가령 '동기 사원이 모였을 때 무슨 일을 할 것인가?'를 의논할 때 아이디어를 척척 낼 수 있다. 이것은 업무를 개선하는 아이디어를 내는 데 도움이 된다.

이런 세 가지 능력을 기르고 연결하여 활용하는 것이 콘셉추얼 스킬이다.

구분하고, 정리하고, 창출하자!

아이디어맨이 돼라

아직은 부족해요	아이디어를 내야 하는 자리에서 아무것도 내놓지 못한다.
기본은 되네요	아이디어를 하나 정도 떠올린다.
최고예요!	다수의 아이디어를 내고 평가할 수 있다.

· · ·

당신이 이제 막 입사한 1년 차 신입사원이라고 해도 반드시 아이디어를 내야 하는 상황이 찾아온다. 가령 팀 경비를 절감할 방안에 대해 이야기하는 자리라고 하자. 상사가 "뭐 아이디어 없어?"라고 묻는다면 부하직원은 어떤 아이디어든지 떠올려 말해야 한다.

아이디어 창출 능력에는 개인차가 존재한다. 게다가 어느 정도는 개인의 성격과도 관련이 있어 발상하는 데 서툰 사람은 자신에게 본디 능력이 없다고 포기하기 쉽다. 하지만 그러면 앞으로 계속 곤란한 상황에 직면할 수 있다. 리더, 관리직이 되면 아이디어를 내야 할 기회가 점점 늘어가기 때문이다.

아이디어 창출에 미숙한 사람은 기술로 보완하자. 아이디어를 창출하기 가장 좋은 방법은 일단 많이 내는 것이다. 아이디어는 양이 질을 낳는다는 말이 있다. 아이디어를 많이 내다 보면 그중에 좋은 아이디어가 나온다는 뜻이다. 그런데 미숙한 사람은 우

아이디어를 창출하는 순서

```
      종이에 ①부터 ⑩까지 번호를 매긴다
                    ⇩
        일단 10개의 항목을 채운다
                    ⇩
          평가 기준을 정한다
                    ⇩
        평가해서 아이디어를 고른다
```

아이디어를 평가하는 예

평가	다음 분기의 비용 절감 대책
△ ○	① 비품을 한 회사에서만 구매해서 양을 줄인다
◎ △	② 출장 일정을 정리해서 교통비를 절약한다
◎ ○	③ 우송하던 인쇄 DM을 이메일 DM으로 교체한다
◎ △	④ 외주에 맡기던 입력 작업을 사내 작업으로 돌린다
○ ○	⑤ 회사에서 지급하는 휴대전화의 요금 계획을 수정한다
○ ○	⑥ 교제비를 삭감한다
△ ○	⑦ 택시를 이용한 이동을 줄인다
◎ ○	⑧ 외주에 맡길 때 반드시 비교 견적을 받는다
△ ◎	⑨ 저렴한 가격의 소형 택배를 활용한다
◎ ○	⑩ 야근 없는 날을 만든다

※ 왼쪽 마크는 효과의 크기, 오른쪽 마크는 실행의 편의성

선 훌륭한 아이디어부터 내려는 마음에 모처럼 아이디어가 떠올라도 '이건 아니야' 하고 버리기 쉽다. 이때 중요한 점은 아이디어의 평가를 뒤로 미루는 일이다.

많은 아이디어를 창출하려면 일람표를 만드는 것이 효과적이다. 이 작업은 컴퓨터로 하는 것보다 손수 쓰는 편이 낫다. 컴퓨터로 작업하면 간단하게 수정하거나 지울 수 있으므로 자꾸 평가하게 된다. 그러니 이면지를 이용해서 손으로 직접 써보자. 주제가 무엇이든 먼저 ①~⑩까지 일련번호를 매긴다. 그렇게 하면 이상하게도 10번까지 채워야 만족이 된다. 갑자기 생각난 아이디어라도, 앞 항목에 비슷한 아이디어가 있어도 신경 쓰지 말고 써내려가자.

항목 10개를 채웠다면 비로소 평가에 돌입한다. 비용 절감 대책을 예로 들자면 효과의 크기, 실행의 편의성 등을 기준으로 평가할 수 있다. 그때 기호를 매겨서 평가하면 자신의 아이디어가 형태를 갖추어 갈 것이다.

Point ! **일단 아이디어를 10개 낸 뒤 평가한다.**

기획서를
작성하라

아직은
부족해요

기획서를 작성해본 적이 없다.

기본은
되네요

기본적인 구성의 기획서를 쓸 수 있다.

착고예요!

설득력 있는 기획서를 작성할 수 있다.

· · ·

기획서나 제안서를 쓰는 일은 젊은 비즈니스맨들이 동경하는 업무다. 그만큼 만만찮은 업무처럼 보이지만, 사실 선배들도 사내에 있는 기획서를 본떠서 작성하는 일이 많다. 따라서 비슷하게 하면 만들기는 어렵지 않다. 사내에 있는 기획서는 겉보기에 깔끔하고 자료나 데이터도 풍부하게 담겨 있지만 그것이 꼭 효과적이라고 단정할 수는 없다. 그러니 샘플을 따라 하기보다 기획서 작성의 이론에 따르는 편이 알찬 기획서를 만드는 길이다.

기획서에 들어갈 항목을 구상하기 전에 기획서를 받아 본 사람이 품을 의문을 먼저 짐작해보자. 우선 '기획한 목적이 무엇인가?'라는 의문이 머릿속에 떠오를 것이다. 다음으로 '이것을 실행하면 어떤 효과가 있는가?'가 알고 싶어진다. 그것을 알고 나면 '어떻게 할 것인가?', '비용이 얼마나 드는가?', '정말 효과가 있는가?', '기간이 어느 정도 필요한가?', '어떤 순서로 진행되는가?' 등

기획서 · 제안서에 필요한 항목

❶ 기획한 목적이 무엇인가?

❷ 어떤 효과를 노리는가?

❸ 어떻게 할 것인가?

❹ 비용이 얼마나 드는가?

❺ 어떤 순서로 진행되는가?

기획서 · 제안서에 필요한 항목

1. 표지

2. 요약

3. 기대 성과

4. 방법

5. 비용 시산

6. 스케줄

이 궁금해진다.

이런 의문에 답을 해나가듯이 항목을 나열하면 기획서가 된다. 필요한 항목을 채우면 A4용지 한 장에 문장이 나열되어 있기만 해도 훌륭한 기획서가 된다. 그리고 엿볼 수 있는 효과가 크고, 방법이 적절하여 실현 가능성이 있으며, 비용 대비 효과가 좋으면 설득력이 증가하여 기획서가 통과될 가능성이 커진다.

이것은 사내에 제출할 기획서와 고객을 대상으로 한 제안서 양쪽 모두에 해당한다. 사외를 대상으로 할 때는 로고 마크가 들어간 서식을 사용하는 등 정해진 규칙이 있는 경우가 많은데, 그것만 지키면 구성은 자유다. 그러므로 기본 구성을 익히고 나면 사외를 대상으로 한 제안서도 작성할 수 있다. 우선은 사내에 제출할 업무 개선 제안을 A4용지 한 장의 기획서로 작성해보자.

기획서를 읽을 상대가 어떤 의문을 품을지 상상하고, 그 물음에 답하자.

문제를 제대로 파악하여
전달하라

아직은
부족해요

문제의 의미를 모른다.

기본은
되네요

문제를 파악하고 있다.

최고예요!

문제를 정확하게 전달할 수 있다.

· · ·

비즈니스 현장에서 벌어지는 대부분의 일은 문제를 해결하는 것이라고 해도 과언이 아니다. 따라서 문제 해결력은 비즈니스맨의 필수 역량이다.

문제 해결의 기본 순서는 '문제 설정→원인 규명→해결책 입안→해결책 실행'이다. 우선 그 첫 단계부터 살펴보자.

문제 설정은 회사 시점에서 실행해야 한다. 가령 당신이 현재 겪고 있는 문제가 '고객과 제조회사 사이에 끼여 괴롭다'라고 하자. 이 문제는 개인적으로는 큰일일 수도 있지만 회사 시점에서 보면 문제가 안 된다. 그러나 그 일이 향후 고객과의 거래에 악영향을 끼친다면 문제가 된다. 문제의 크기는 실적에 미치는 영향도로 측정한다. 회사의 실적에 미치는 영향에 따라 문제를 파악하는 것이 문제를 해결하는 출발점인 것이다.

이렇게 문제를 파악하는 일은 기초 수준이다. 그리고 그 문제

문제란

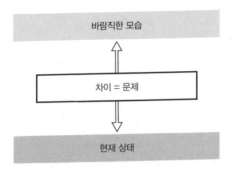

문제를 정확하게 전달하는 세 가지 요소

❶ 대상	➜	반품률이
❶ 바람직한 모습	➜	본래 3퍼센트 이내여야 하는데
❶ 현재 상태	➜	평균 8퍼센트를 넘고 있다

를 더욱 정확하게 전달할 수 있다면 상사나 선배에게 "훌륭하다"라는 말을 들을 수 있다. 문제란 바람직한 모습과 현재 상태와의 차이에서 발생한다. 문제를 정확하게 전달하려면 그 양쪽을 확실히 나타내야 한다. 예를 들어 "본래 반품은 없는 것이 바람직하지만, 올해 들어 반품이 증가했다"라고 해도 문제점을 나타낼 수는 있다. 다만 조금 더 객관적일 필요가 있으므로 수치를 사용한다. "본래 반품률이 3퍼센트 이내여야 하는데 최근 석 달 동안 평균 8퍼센트였다"라고 표현하면 문제가 명확해진다. 그러면 반품률을 5퍼센트포인트 삭감해야 한다는 사실이 눈에 들어온다.

이처럼 문제를 전달하는 경우 바람직한 모습과 현재 상태와의 차이를 최대한 수치로 나타내자.

문제는 회사 시점으로 보고, 바람직한 모습과 현재 상태와의 차이를 수치로 나타내자.

원인을
명확히 밝혀라

원인을 명확하게 밝히지 않고 해결하려고 한다.

기본은
되네요

원인을 명확하게 밝히고 해결한다.

최고예요!

데이터에서 가설을 도출하여 원인을 분석한다.

．．．．

문제 설정이 끝나면 다음으로 문제의 원인을 명확하게 밝혀야 한다. 원인 규명 과정이 없으면 금세 막다른 골목에 부닥치고 만다.

가령 반품이 증가한 문제를 놓고 갑자기 '어떻게 하면 반품을 줄일 수 있을까?'를 고민한다면 먼저 반품이 증가한 원인을 밝혀야 하며, 그러려면 정보를 수집해야 한다.

가장 먼저 얻어야 할 정보는 반품 사유다. 이때는 반품한 고객이 밝힌 이유를 집계하면 원인을 알 수 있다. 필자가 연수 강사를 했던 통신판매회사에서는 실제 이런 식으로 접근했다. 이것이 원인을 규명하는 기본적인 순서다.

그러나 반품 수가 많거나 반품 사유를 밝히지 않는 고객이 많으면 이 방법으로는 원인을 파악하기 어렵다. 그 경우에는 데이터 분석을 실행해볼 수 있다. '반품이 많은 상품은 무엇인가?', '어떤 고객에게서 반품이 많은가?', '어느 타이밍에 반품을 많이 하는

원인 규명의 다섯 가지 단계

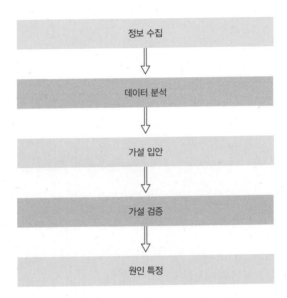

정보 수집

데이터 분석

가설 입안

가설 검증

원인 특정

가?'라는 사항을 데이터에서 읽어내는 것이다. 각 항목에 대해 과
거 데이터에서 증가한 비율을 보면 원인을 추정하기가 더욱 쉬워
진다.

통신판매회사에서 반품 문제가 일어났다고 가정해보자. 반품
률이 높은 상품은 가구이고 여성 고객이 반품을 많이 했다. 게다
가 가구를 조립하기 전에 반품하는 일이 많다면 포장을 뜯었을
때 반품 이유가 생겼음을 알 수 있다. 그러면 원인이 서서히 모습
을 드러낸다. 가구를 구매한 여성이 가구를 조립하기 전에 어떤
이유에서 반품한다는 것이다. 반품 이유로는 '고객이 예상했던 것
과 색깔이 다르다', '모양이 다르다', '크기가 다르다' 등을 추정할
수 있다.

이렇게 가설을 세운 뒤에 다시 고객이 적은 반품 내용을 보거
나 고객의 이야기를 직접 듣는 작업을 통해 가설을 검증하면 원
인을 특정할 수 있다.

Point

**해결책을 생각하기 전에 원인을 명확하게 한다. 필요에 따라 가
설을 검증한다.**

06

해결책을
마련하라

아직은
부족해요

해결책이 요점을 벗어난다.

기본은
되네요

원인에서 해결책을 생각할 수 있다.

최고예요!

다수의 해결책을 마련할 수 있다.

· · ·

원인을 측정했다면 해결책을 마련하는 일은 별로 어렵지 않다. 앞서 이야기한 통신판매회사의 예를 다시 들어보자. 반품률이 올라간 주된 원인이 목제 가구 구매 시 카탈로그 사진과 실제 배송된 상품의 느낌이 다르기 때문이었음을 알았다고 하자. 만약 자신이 담당자라면 어떤 해결책을 떠올릴 수 있을까?

이 예시에서 반품의 원인은 카탈로그의 사진과 현물의 느낌 차이다. 따라서 해결책은 사진과 현물의 느낌을 일치시키는 것이다. 이처럼 대부분 해결책은 원인을 뒤집으면 마련할 수 있다. 원인을 특정하는 일이 중요한 이유가 바로 여기에 있다.

통신판매회사의 반품률을 줄이는 가장 단순한 해결책은 카탈로그의 사진을 새로 바꿔 넣는 것이다. 원인을 토대로 이런 해결책을 세우는 것이 기초 수준이다. 여기에서 한발 더 나아가 '최고예요' 수준이 될 방법이 있다. 바로 다수의 해결책을 함께 제시하

해결책을 만드는 방법

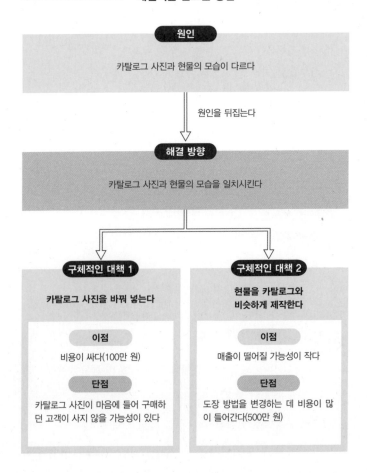

원인

카탈로그 사진과 현물의 모습이 다르다

원인을 뒤집는다

해결 방향

카탈로그 사진과 현물의 모습을 일치시킨다

구체적인 대책 1

카탈로그 사진을 바꿔 넣는다

이점

비용이 싸다(100만 원)

단점

카탈로그 사진이 마음에 들어 구매하던 고객이 사지 않을 가능성이 있다

구체적인 대책 2

현물을 카탈로그와 비슷하게 제작한다

이점

매출이 떨어질 가능성이 작다

단점

도장 방법을 변경하는 데 비용이 많이 들어간다(500만 원)

는 것이다.

이번 예시에서는 카탈로그 사진과 현물의 느낌을 일치시키면 문제가 해결된다. 그런데 카탈로그의 사진을 바꿔 넣지 않고 목제 가구 자체를 카탈로그 사진과 비슷하게 제작하는 방법도 있다. 가구 제조회사에 목제 가구를 사진의 느낌과 비슷하게 제작할 수 있는지 물어본다. 아마도 재질을 바꾸거나 도장의 방법을 바꾸는 방법이 제시될 것이다. 다만 비용이 증가할 가능성도 있으므로 함께 확인해둔다.

이렇게 도출한 두 가지 안에 각각 이점과 단점을 더해서 상사에게 제출하면 상사의 판단에 도움이 된다. 우수한 부하직원은 상사가 의사 결정하기 쉬운 안을 제출한다는 사실을 잊지 말자.

원인을 뒤집어 해결책을 생각한다. 가능하면 다수의 안을 제출한다.

요약력을
높여라

아직은
부족해요

제대로 요약하지 못한다.

기본은
되네요

간결하게 요약할 수 있다.

최고예요!

삼각 로직을 활용해서 요약할 수 있다.

．．．

콘셉추얼 스킬을 높이는 가장 좋은 방법은 요약이다. 요약력(정리하는 능력)을 올리면 그에 따라 콘셉추얼 스킬이 향상된다. 일상적인 업무를 통해 요약력을 향상시키려면 보고서에 요약(서머리)을 더하는 방법이 효과적이다. 예를 들어 보고서의 서두에 그 보고서를 통해 전달하고 싶은 바를 100자 정도로 요약해서 넣는다. 이것은 바쁜 상사나 고객 등 보고서를 읽는 측에 대한 서비스가 되기도 하므로 일석이조다.

요약하는 요령은 '결론→ 이유→ 뒷받침하는 데이터' 세 가지를 함께 쓰는 것이다. 가령 고객 지원 콜센터에 대한 클레임이 증가해서 상사가 그 원인을 조사한 뒤 보고서를 쓰라 했다고 하자. 원인을 조사한 결과 클레임 중에 가장 많은 건은 회답까지 걸리는 시간으로, 전체의 80퍼센트를 차지했다. 그리고 시간이 길게 걸린 사례의 90퍼센트는 기술적인 질문에 대한 대처였다. 따라서

삼각 로직

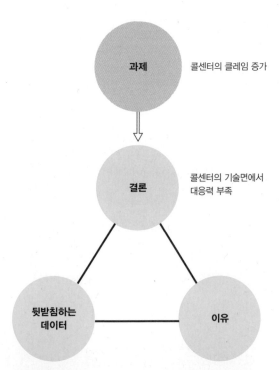

과제 — 콜센터의 클레임 증가

결론 — 콜센터의 기술면에서 대응력 부족

뒷받침하는 데이터

전체 클레임 중에서 기다리는 시간에 관한 클레임이 80퍼센트. 그중 기술적인 질문에 대한 대처가 90퍼센트 → 전체의 72퍼센트가 기술적인 질문에 대처하는 시간에 대한 불만

이유

클레임의 대부분은 기다리는 시간이 길다는 의견이며, 그 경우 기술적인 부분에 관한 문의가 많았다

콜센터가 기술면에서 대응력이 부족하다는 점이 클레임 원인임을 파악할 수 있다. 이 내용을 그대로 요약해도 나쁘지 않지만 '최고예요' 수준이라고 말할 수는 없다. 따라서 요약하는 요령을 활용해서 다음과 같이 알기 쉽게 나타낼 수 있다.

'콜센터의 클레임 증가 원인은 기술면에서의 대응력 부족이다(결론). 클레임 중 가장 많은 내용이 기술적인 질문에 대해 회답 시간이 길다는 의견이기 때문이다(이유). 실제로 약 70퍼센트의 클레임이 그 의견에 해당한다(뒷받침하는 데이터).'

이처럼 '결론→ 이유→ 뒷받침하는 데이터'의 순서대로 이야기하는 방법을 삼각 로직이라고 한다. 이 삼각 로직을 사용하게 되면 요약력이 향상될 뿐 아니라 간결하게 이야기할 수 있어서 설득력도 올라간다. 설명, 보고, 프레젠테이션과 같은 상황에서도 활용할 수 있으므로 평소 의식해서 사용하자.

Point ! **요약할 때는 '결론→ 이유→ 뒷받침하는 데이터'의 순서로 한다.**

CONTENTS

비즈니스 매너를
익히는 방법

나에게 필요한
비즈니스 매너를 파악하라

비즈니스 매너는 별로 신경 쓰지 않는다.

기본은
되네요

매너를 습득하여 실천 중이다.

상대를 의식하여 비즈니스 매너를 실천한다.

．．．

필자는 지금까지 10년 동안 신입사원을 연수하는 강사를 해왔다. 그동안 기업의 인사 담당자들에게 "이런 부분을 가르쳐주세요"라는 요청을 계속 받아왔는데, 시대의 변화에 따라 그 내용도 계속 변하고 있다.

　그중 차림새를 예로 들자면, 예전에는 상당히 엄격하게 지도해달라는 요청이 많았다. 남성의 머리 모양은 7대 3으로 가르마를 타야 했고, 눈썹 손질 등은 아예 말도 꺼낼 수 없었다. 여성도 머리 염색이 금지였고, 귀고리도 할 수 없었다. 그러나 현재는 복장 관련 기준이 상당히 완화되고 있다.

　반면에 새롭게 요청되는 부분도 있다. 바로 컴플라이언스(법령 준수), 기밀 정보를 취급하는 문제다. 또한 스마트폰 매너에 관한 내용도 필요해졌다. 이처럼 시대와 함께 교육 내용은 바뀌고 있지만 매너가 중요하다는 사실은 변함없다. 매너는 상대에게 경

─────── **비즈니스 매너의 전체 모습** ───────

기존에 있던 매너

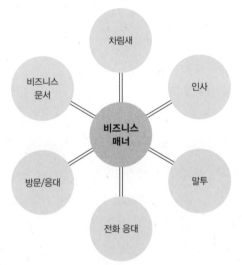

최근 필요해진 매너

컴플라이언스

개인정보나
기밀 정보의 취급

스마트폰 매너

의를 표하는 언동이기 때문이다. 비즈니스 매너가 좋으면 상대를 존경하는 마음이 전해진다. 그러면 결과적으로 좋은 인상을 주게 되어 비즈니스가 한결 수월해진다. 그런 의미에서 보면 매너는 훌륭한 비즈니스 도구다.

비즈니스 매너에서 우리를 괴롭히는 것은 사람에 따라 말하는 내용이 다르다는 점이다. 가령 고객을 방문할 때 "갈색 가죽구두를 신고 가도 된다"라고 말하는 상사나 선배도 있지만, 그 반대로 말하는 사람도 있다.

이때 조심해야 할 것이 엄격하지 않은 의견을 주류로 보게 되는 심리다. 10명 중 9명이 괜찮다고 해도 남은 한 사람에게 부정적인 인상을 줄 수 있다면 받아들이지 않는 편이 낫다. 특히 결재권을 쥐고 있는 50, 60대 관리직은 매너에 까다롭게 반응하는 사람이 많다. 따라서 헷갈리는 부분은 엄격한 쪽에 맞추자.

매너는 비즈니스 도구다. 헷갈린다면 엄격한 의견에 맞춘다.

최소한의 경어를
사용하자

아직은
부족해요

아직도 학생 때 말투 그대로다.

기본은
되네요

공손한 말투로 이야기한다.

최고예요!

존경어, 겸양어를 잘 구분해서 쓴다.

· · ·

말투에 관한 콤플렉스는 빨리 해소해야 하는 법이다. 자신의 말투에 자신이 없으면 경영자 등 높은 위치에 있는 사람과 적극적으로 이야기할 수 없다. 이 문제는 경어를 능숙하게 사용하게 되면 해결된다. 경어에 대해서는 이전보다도 꽤 기준이 완화되었다. 선배들 중에도 경어를 제대로 구사하지 못하는 사람이 많아졌을 테고, '합니다, 입니다'를 붙여서 적당히 공손한 말투로 이야기하면 특별히 문제가 없다고 여기기 때문이다.

그러다 보니 신입사원이 존경어와 겸양어를 깔끔하게 나누어 사용한다면 회사에서 주목받게 될 것이다. 가령 전화 응대를 할 때 상대의 이름을 확인하려면 "○○사의 ××님이세요?"라고 말하는 것이 공손한 표현의 기본적인 대응이다. 여기에서 존경어를 사용해서 "××님이십니까?"라고 물으면 상대는 '공손하게 말하네'라고 생각할 것이다.

자주 사용하는 경어

동사		존경어(상대가 주어)	겸양어(자신이 주어)
말하다	→	말씀하시다	말씀드리다
보다	→	보시다	보다
있다	→	계시다	있다
하다	→	하시다	하다
알고 있다	→	알고 계시다	알고 있다
가다	→	가시다	가다
오다	→	오시다	오다

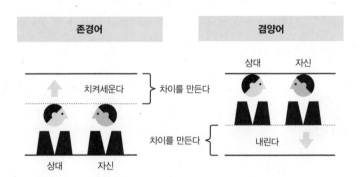

경어에 대해서는 각각의 표현을 배우기 전에 알아두어야 할 것이 있다. 바로 존경어와 겸양어를 쓰는 목적이다. 양쪽 모두 상대와 자신의 차이를 두기 위한 것으로 "당신을 윗사람으로 보고 있습니다"라는 기분을 전달하려는 목적이 있다.

상대를 윗사람으로 놓으려면 ① 상대를 치켜세우거나 ② 자신을 끌어내리는 두 가지 방법이 있다. ①이 존경어, ②가 겸양어가 된다. 따라서 존경어는 "고객님이 말씀하십니다"라는 식으로 주어가 상대(혹은 상대 이외의 윗사람인 타인)가 된다. 또한 겸양어는 "제가 말씀드리겠습니다"라는 식으로 주어가 자신이 된다.

어려운 부분이므로 시간을 들여 천천히 익히고 싶겠지만 그럴 시간이 없다. 신입사원 주변에는 경어를 사용해야 할 윗사람이 가득하기 때문이다. 그러므로 한시바삐 경어를 능숙하게 사용하도록 하자.

Point

존경어와 겸양어를 구분해서 사용하도록 하자.

명함 교환은
세련되게 하라

아직은
부족해요

명함을 교환할 때 우물쭈물한다.

기본은
되네요

먼저 자기 이름을 말하고 명함을 내민다.

최고예요!

명함을 받고 나서 협의가 끝난 후
상대의 명함을 다시 한 번 확인한다.

• • •

명함 교환은 의외로 중요한 비즈니스 기술이다. 명함을 교환하면 상대의 비즈니스 기술이 대강 파악되기 때문이다. 처음 만나는 상대는 나를 '알고 지낼 가치가 있는 상대인가?'라는 관점에서 평가한다. 따라서 명함 교환이 순조롭지 않으면 업무도 순탄치 않을 것이라고 의심하게 된다. 반면에 명함을 세련되게 교환하면 업무도 능숙하게 진행해줄 것이라는 기대를 품는다.

명함을 세련되게 교환하는 데 가장 중요한 과정은 준비다. 추천하는 방법은 명함지갑의 덮개와 본체 사이에 명함을 상대 쪽을 향해 끼워두는 일이다. 이렇게 하면 안쪽 주머니에서 명함지갑을 꺼낸 순간 상대를 향해 자연스럽게 명함을 내밀 수 있다. 실제로 명함을 교환할 때 명함지갑의 안쪽에서 명함을 꺼내는 데 버벅거리는 비즈니스맨이 많다. 참고로 알루미늄 재질의 명함지갑은 이런 준비를 할 수 없으므로 알맞지 않다.

명함 준비

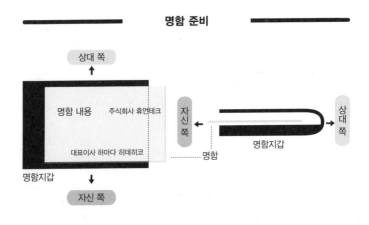

상대에게 받은 명함을 다루는 방법

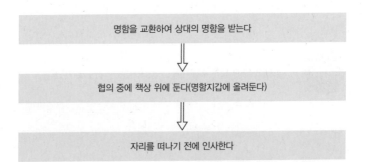

다음으로 명함을 교환할 때 중요한 점을 살펴보자. 최근에 주로 명함을 교환하는 방법은 동시에 교환하는 방식이다. 예전에는 아랫사람이 먼저 건넨 다음 윗사람이 건네는 방식이 주류였지만 지금은 한 번에 끝내는 일이 많아졌다. 다만 이 경우에도 아랫사람이 먼저 이름을 밝힌다는 사실은 변함없다. 조심해야 할 것은 상대가 받기 쉽도록 명함을 건네야 한다는 점이다. 상대가 받기 쉬운 높이와 받기 쉬운 타이밍에 건넬 수 있다면 명함 교환이 훨씬 원활해진다.

받은 명함은 협의 중에 명함지갑에 올려서 책상 위에 둔다. 마지막으로 협의가 끝났을 때 상대의 명함을 다시 한번 확인하면 명함을 소중히 하는 마음이 전해지니 꼭 실천해보자.

상대를 향해 명함을 준비하고 상대가 받기 쉽도록 건넨다.

스마트폰 매너에
주의하라

아직은
부족해요

주변을 신경 쓰지 않고 스마트폰을 만진다.

기본은
되네요

스마트폰 매너를 지킨다.

좋고예요!

상대를 배려하면서 스마트폰을 사용한다.

· · ·

스마트폰이나 태블릿PC가 업무에 사용된 시기는 비교적 최근이
므로 아직 매너가 확립되어 있지 않다. 스마트폰 메신저나 SNS
등도 서서히 업무에 사용되고 있으나 이쪽도 아직 매너가 확실히
자리 잡지 않은 상황이다. 이런 상황에서 우리는 어떤 행동을 취
해야 할까? 여기에서는 스마트폰을 중심으로 비교적 새로운 디지
털 도구의 매너에 관해 이야기하겠다.

가장 중요한 점은 현재 비즈니스 업계에서 휴대전화나 스마트
폰은 사적인 영역이라는 인식이 강해 공식적인 커뮤니케이션 도
구로 인정받지 못한다는 사실이다. 다음 쪽의 스마트폰 관련 매
너는 필자가 인터뷰에 응했던 〈주간 SPA!〉의 기사 앙케트에서 발
췌한 것이다.

일단 협의나 회의 중에 스마트폰을 조작하는 일은 매너에 어
긋나므로 주의하자. 스마트폰으로 회의 내용을 메모한다고 해도

스마트폰 매너

위험도 대

거래처와의 협의 도중 책상 위에 스마트폰을 꺼내둔다

회사 사람들의 휴대전화 번호를 본인의 동의 없이 외부인에게 가르쳐준다

비즈니스 내용의 메시지에 느낌표를 남발한다

사내외의 사람에게 자신의 지각이나 결석을 메신저 애플리케이션으로 알린다

한 번밖에 만나지 않은 업무 상대에게 SNS로 친구 신청을 한다

위험도 중

협의나 회의 중간에 스마트폰으로 메모한다

회의록을 따로 메모하지 않고 스마트폰으로 화이트보드를 촬영한다

직장에서 개인용 스마트폰이나 태블릿PC를 충전한다

연하장 대신 문자를 여러 사람에게 한꺼번에 보내 새해 인사를 한다

출처 〈주간 SPA!〉

개인적으로 문자를 보내는 행동과 겉보기에 차이가 없으므로 다른 사람의 이야기에 집중하지 않는 것으로 비칠 수 있다. 또한 개인적인 물건으로 보이므로 직장에서 개인용 스마트폰이나 태블릿을 충전하고 있으면 전기를 낭비하듯이 보일 가능성도 있다.

메신저 애플리케이션을 통한 연락도 비공식인 것으로 생각하는 사람이 많으므로 지각이나 결석, 결근 등의 연락에 사용하지 않는 편이 바람직하다. 또한 동료의 전화번호를 무턱대고 외부인에게 가르쳐주는 일은 동료의 사적인 시간에 업무 관련 연락이 들어갈 가능성을 배제할 수 없으므로 삼가야 한다.

다만 이런 매너들은 IT계열 기업이나 신진 기업에서는 허용되는 경우도 많으므로 절대 금한다고 말할 수 없다. 그렇지만 비즈니스 업계 전체에서는 아직 허용되지 않는 부분이 많다. IT계열 기업이나 신진 기업에 근무하는 사람은 자사에서 허용되는 매너만을 생각하다가 무심코 매너에 어긋난 행동을 할 수도 있음을 명심하자.

스마트폰은 아직 비공식적인 도구라고 인식하자.

05

—

개인정보 보호에
민감해져라

아직은
부족해요

개인정보를 취급하기가 어렵다.

기본은
되네요

개인정보를 제대로 관리하고 있다.

최고예요!

회사의 기밀 정보를 가지고 다니지 않는다.

· · ·

컴플라이언스라는 말을 들어본 적이 있는가? 직역하면 법령 준수, 법률이나 사회의 규칙을 지킨다는 뜻으로 최근 매우 중요시되고 있다. 1990년 이후 기업의 존속에 관계되는 불상사가 이어지자 기업 경영에서 컴플라이언스의 중요성이 나날이 높아졌다.

일본은 2003년 개인정보보호법이 제정되어(한국은 2011년에 제정되었다-옮긴이) 기업 입장에서 개인정보 보호가 컴플라이언스의 중요 사항이 되었다. 게다가 2015년에 마이넘버 제도(일본판 주민등록번호 제도-옮긴이)가 시행되어 개인정보를 비롯한 기밀 유지(비밀 유지)의 중요성이 더욱더 높아지고 있다. 이는 비즈니스와 관계 깊은 주제이기도 하다.

악의를 품고 기밀 정보를 유출시키는 것은 논외로 하고, 악의가 없어도 실수로 기밀 정보를 사외에 유출시킬 가능성이 있다. 가령 고객 정보가 들어 있는 스마트폰을 어딘가에서 잃어버렸다

평상시 기밀 정보 유출의 위험성

컴퓨터를 두고 옴

스마트폰을
잃어버림

실수로 메일에
파일 첨부

USB 메모리나
SD 카드를 잃어버림

바이러스에 감염되어
정보가 누출됨

기밀문서가 든 봉투를
어딘가에 두고 옴

고 하자. 스마트폰에 비밀번호가 걸려 있지 않으면 스마트폰을 주운 제3자는 그 내용을 볼 수 있고, 사소한 지식만 있으면 파일을 전송할 수 있다. 또한 고객 리스트가 든 USB 메모리를 분실해도 비슷한 사태가 발생한다. 만일 그런 일이 일어나서 정보가 악용된다면 경위서로 끝나지 않을 가능성조차 있다.

우선 고객 리스트 등 회사의 중요한 정보는 가지고 다니지 않는 것이 중요하다. 더구나 스마트폰을 업무에 사용하는 사람은 반드시 비밀번호를 걸어둘 필요가 있다. 그 외에 사내에서 고객 명부를 접하는 경우에도 세심한 주의를 기울이자. 컴퓨터를 잘못 조작해서 고객 리스트를 사외의 사람에게 전송해버리면 신용에 금이 갈 뿐 아니라 받아본 상대에게도 폐를 끼칠 수 있다. 그러므로 평상시 개인정보를 비롯한 기밀을 지키는 데 의식을 집중하자.

Point !

회사의 중요 정보는 가지고 다니지 않는다.
고객 리스트 취급에 주의하자.

SNS는
신중하게 이용한다

깊이 생각하지 않고 업무 정보를 SNS에 올린다.

SNS에는 업무에 관련된 정보를
허가 없이 올리지 않는다.

SNS를 비즈니스에 적절하게 활용한다.

아직은
부족해요

기본은
되네요

최고예요!

• • •

이전에 이런 이야기를 들은 적이 있다. 필자의 지인이 경영하는 중소기업의 송년회에서 분위기 좋은 술집에 갔다고 한다. 지인은 그곳에서 우연히 고객을 만나서 잠시 함께 술을 마시게 되었다. 그런데 동석하고 있던 자사의 젊은 사원이 분위기 좋은 가게에 온 기념으로 스마트폰으로 사진을 찍어 그것을 페이스북에 게시했다. 이 일이 나중에 문제가 되었다.

우연히 그 사진에 자사의 사원과 친밀하게 대화하는 고객이 찍혔는데, 그 사진을 그쪽 회사 임원이 페이스북에서 발견한 것이다. 때마침 그 고객은 사내에서 유착을 의심받고 있어서 의심살 만한 행동을 삼가도록 주의를 받은 상태였다. 그 후 고객은 필자의 지인이 근무하는 회사에 발주하기가 어려워져서 회사의 매출에 영향을 끼치게 되었다.

그 젊은 사원에게 악의는 없었지만 결과적으로 자사의 비즈니

SNS의 위험

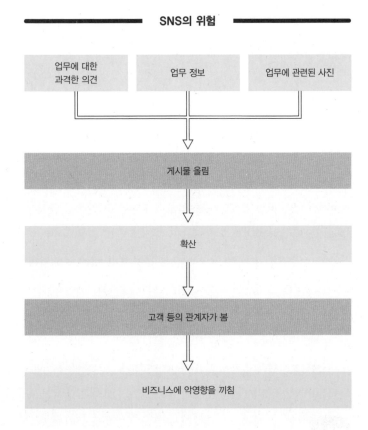

업무에 대한 과격한 의견

업무 정보

업무에 관련된 사진

게시물 올림

확산

고객 등의 관계자가 봄

비즈니스에 악영향을 끼침

스에 악영향을 준 셈이다. 이것은 결코 타인의 이야기가 아니다. 필자의 동료 강사도 "오늘은 ○○사에서 ×× 연수를 했습니다"라는 게시물을 실명으로 페이스북에 올린 적이 있는데, 그 회사의 연수 담당자가 보고 불쾌감을 느껴 비즈니스에 좋지 않은 영향이 있었다고 한다.

기본적으로 업무에 관련된 정보는 페이스북 등의 SNS에 올리지 않는 편이 바람직하다. 어디에서 어떻게 확산될지 알 수 없기 때문이다. 메신저나 트위터 등도 동료끼리만 본다고 방심하면 비슷한 일이 발생할 수 있다.

출판, 매스컴이나 벤처기업 중에는 고객과의 관계 만들기에 SNS를 적절하게 활용하는 곳도 있다. 다만 그것은 공과 사의 막연한 영역을 제대로 구분해야 한다는 전제조건이 깔려 있다. 사실 그렇게 구분하는 일은 상당히 어렵다. 따라서 익숙해지기 전까지 SNS는 개인적인 용도로만 사용하는 편이 안전하다.

공과 사를 구분하기가 어렵다면 SNS에 올리지 않는 것이 기본이다.

CONTENTS

커리어를
개발하는 법

01

스스로를
교육한다

아직은 부족해요	회사의 인사 담당자가 자신을 키워준다고 생각한다.
기본은 되네요	자신의 강점과 약점을 파악하고 있다.
최고예요!	배운 것을 업무와 연결해 성과를 낸다.

· · ·

신입사원들은 3년 차가 될 때까지 회사에서 대체적인 업무를 배우며 한 사람 몫을 해내도록 길러진다. 그래서 그동안 실무나 커뮤니케이션에 관련된 연수를 시행하는데, 그 기간이 끝나면 연수 기회가 줄어든다. 그러므로 이후로는 인사 교육 담당자를 통해서가 아니라 자기 스스로 배워 나가야 한다.

교육 담당자의 업무는 자사가 실적을 올리는 데 필요한 능력을 정리하고 그것을 교육할 방책을 시행하는 일이다. 구체적으로 사내외에서 세미나 기회를 만들거나 인터넷을 통해 학습할 기회를 만드는 식이다. 우리도 스스로 배워 나가기 위해 이와 비슷하게 진행해보면 어떨까?

먼저 회사에서 관여하는 비즈니스에서 성과를 올리기 위해 필요한 능력을 정리한다. 각 능력에 대해 스스로 평가하여 강점을 늘리고 약점을 보강해간다. 사내외의 세미나에 참가하거나 인터

비즈니스 기술을 향상시키는 방법

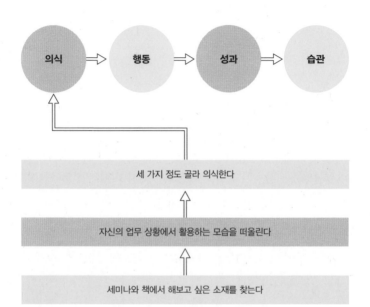

의식 ⇒ 행동 ⇒ 성과 ⇒ 습관

세 가지 정도 골라 의식한다

자신의 업무 상황에서 활용하는 모습을 떠올린다

세미나와 책에서 해보고 싶은 소재를 찾는다

넷 교육을 수강하는 일 외에 책을 읽는 것도 좋은 방법이다.

그러나 여러 세미나를 수강하거나 많은 양의 책을 읽어도 그만큼 비즈니스 기술이 향상되지 않는 사람이 있다. 그 이유는 머릿속에 입력한 것을 실제로 활용하지 않기 때문이다. 새로운 행동은 의식하는 것 중에서 생겨난다. 행동하면 성과가 생기고 성과가 나오면 행동이 습관이 된다. 이렇게 새롭고 이로운 습관을 늘려 가면 비즈니스 기술은 나날이 향상된다.

먼저 세미나와 책 속에서 실천해보고 싶은 소재를 찾아보자. 그리고 '업무 상황에서 이 방법을 이렇게 사용해보자'라고 떠올린다. 한 번의 세미나, 한 권의 책에서 할 일을 세 가지 정도 고르면 충분하다. 의식이 생겼다면 행동해보고 그 행동을 통해 성과가 느껴진다면 자연히 습관으로 자리 잡을 것이다.

Point !

의식한 것을 실천하여 성과를 느낄 수 있다면 이는 곧 습관이된다.

능숙하게 처리하고
도전적으로 일하라

아직은
부족해요

업무를 처리하지 못하고 쌓아둔다.

기본은
되네요

업무를 원활하게 처리하면서 진행한다.

최고예요!

스스로 도전적인 업무를 할 수 있다.

. . .

우리에게 주어진 업무는 시간이 갈수록 점점 증가한다. 증가하는 업무에 대해 처음에는 노력하고 집중하면 그럭저럭 소화할 수 있지만, 그것만으로는 언젠가 한계가 온다. 그렇다고 그만큼 잔업을 늘릴 수는 없다. 요즘은 일과 삶의 균형을 중시하므로 장시간 잔업을 하거나 휴일에도 출근하는 일을 부정적으로 보는 추세다.

그래서 다음 단계로 일을 능숙하게 처리하는 업무 기술을 도입해야 한다. 업무에 우선순위를 매겨 프런트 로딩을 활용한다. 또한 상사, 타 부서, 후배, 외주업자 등의 사내 리소스를 적절히 이용한다. 업무를 원활히 처리하려면 업무를 의뢰하는 방법이 중요하다. 다른 사람에게 업무를 부탁할 때 제대로 하지 않으면 결과물이 잘 나오지 않을 수 있다. 그러면 역시 자신이 하는 편이 빠르다는 생각이 들어 다른 사람을 이용하지 않게 된다. 이것이 커다란 갈림길이 된다.

업무 수준 향상

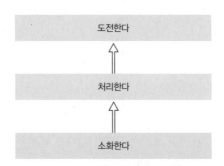

업무를 처리하기 위한 의뢰 방법

항목	예
무엇을	X상품과 Y상품의 제품설명서를
왜(목적)	2,000만 원 규모의 상담을 매듭짓기 위해
언제까지	이번 주 중에
어떻게	두 상품의 비용 대비 효과를 알 수 있도록
포맷	파워포인트 A4용지 가로 형식(이후 서식 송신)

업무를 의뢰할 때는 상대에게 '무엇을, 왜(목적), 언제까지, 어떻게 완수하기 바라는지'를 전달한다. 가령 고객에게 제품설명서를 전달해야 한다고 하자. 제품 기획 부서에 의뢰한다면 "상품 A와 상품 B의 제품설명서를(무엇을), 2,000만 원 규모의 상담을 매듭짓기 위해(목적), 이번 주 중에(언제까지), 두 상품의 비용 대비 효과를 알 수 있도록(어떻게), 만들기 원한다"라고 의뢰하면 된다. 그리고 제품설명서의 서식이 정해져 있다면 먼저 건네 두는 편이 바람직하다. 이렇게 의뢰하면 기대할 만한 결과물이 나온다. 이렇게 해야 능숙하게 처리했다고 할 수 있다.

이런 식으로 업무를 처리하면 시간에 여유가 생긴다. 그 시간을 제대로 활용해 업무 개선을 제안하는 등 도전하는 업무를 해 나가자. 이것이 앞으로 자신이 성장하는 데 중요한 열쇠가 될 것이다.

업무를 원활히 처리해서 시간을 만든 뒤 도전하는 업무에 몰입하자.

셀프 모티베이션의
방법을 터득하라

아직은
부족해요

의욕이 저하된 채 올라가지 않는다.

기본은
되네요

상사나 선배, 업무에서 동기를 부여할
계기를 발견한다.

최고예요!

스스로 자신의 동기를 부여한다.

* * *

의욕이 높으면 업무도 즐거워지는 법이다. 보통은 가까이에 자신을 격려해주는 상사나 선배가 있거나, 업무가 재밌거나, 성과가 보수로 이어질 때 동기부여가 된다. 이처럼 상사나 선배, 혹은 주어진 업무에서 계기를 얻어 의욕을 불러일으키는 것도 나쁘지 않지만 좀 더 바람직한 것은 스스로 동기를 부여하는 것이다. 그렇게 할 수 있으면 주변 사람들이나 업무 등의 환경에 좌우되지 않고 항상 적극적으로 업무에 몰두할 수 있기 때문이다.

스스로 동기를 부여하는 일을 '셀프 모티베이션'이라고 한다. 이 방법은 터득하면 큰 도움이 된다. 셀프 모티베이션의 첫걸음은 자신의 의욕 상태가 오를 때와 떨어질 때를 아는 일이다. 먼저 A4 복사용지를 준비하고 입사 때부터 지금까지 업무상 오르락내리락하는 자신의 의욕 상태를 그래프로 작성한다. 그것을 보고 자신의 의욕이 오를 때와 떨어질 때의 경향을 읽어낸다.

의욕이 오를 때와 떨어질 때의 경향을 파악한다

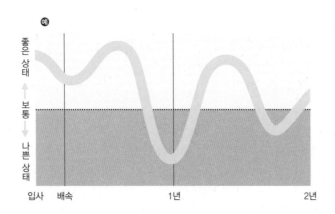

의욕이 오를 때와 떨어질 때 대응하는 법

유형	대응책
싫증이 나면 의욕이 떨어진다	적극적으로 새로운 일에 손을 뻗친다
환경이 변화하면 의욕이 떨어진다	새로운 업무 등 환경 변화에 적응하는 능력을 기른다
인간관계에 따라 의욕이 오르내린다	대인관계 기술을 터득한다
업무의 부하에 따라 의욕이 오르내린다	업무의 효율을 올리는 방법을 익힌다
사적인 영역이 의욕을 좌우한다	업무와 사적인 영역을 분리해서 생각한다

이렇게 해보면 대표적으로 두 종류의 사람으로 나뉜다. 새로운 일을 시작하면 의욕이 올라갔다가 싫증이 나면 의욕이 떨어지는 사람이 있다. 반면에 이동하거나 담당하는 업무가 바뀌는 등 환경이 변화하면 익숙해질 때까지 의욕이 하락했다가 일이 익숙해지면 의욕이 올라가는 사람이 있다.

새로운 일을 하는 데에서 동기가 부여되는 사람은 본인이 적극적으로 새로운 업무에 손을 뻗으면 계속 좋은 상태를 유지할 수 있다. 반면에 환경이 변화하면 의욕이 떨어지는 사람은 새로운 환경에 적응하는 능력을 기르면 의욕이 떨어지는 일을 막을 수 있다. 그러므로 적응력을 올릴 방법을 책을 보며 연구하거나 시행착오를 겪으며 터득하자.

의욕이 오를 때와 떨어질 때를 파악하고, 스스로 동기를 부여하자.

내 능력을 길러주는
목표를 설정한다

아직은
부족해요

불가능한 일에는 손을 대고 싶지 않으므로
목표를 낮게 설정한다.

기본은
되네요

조금 발돋움이 필요한 정도로 목표를 설정한다.

최고예요!

자신의 수준을 높이는 도구로 목표를 활용한다.

· · ·

직장인의 된 순간부터 우리는 목표라는 말과 오랫동안 함께할 수밖에 없다. 회사는 상사를 통해 나에게 업무에 필요한 목표와 능력을 개발하는 목표를 설정하도록 한다. 그리고 업무 목표의 달성도는 대부분 평가로 이어진다. 목표를 설정할 때 상사가 "목표를 수치화하라", "목표의 수준을 좀 더 높여라"라고 주문하는 일도 많으므로 부하직원은 회사나 상사가 자신을 평가하기 위해 목표를 설정한다고 생각하기 쉽다. 하지만 그리 단정해버리면 목표가 지닌 본래의 힘을 살릴 수 없다.

본래 목표는 직장인의 에너지로, 능력 수준을 키우는 훌륭한 비즈니스 도구로 활용할 수 있다. 우선은 자신의 능력을 이끌어내는 도구라고 생각하자. 여기에선 자신의 능력을 이끌어내도록 목표를 설정하는 요령을 소개한다. 일반적으로 업무 목표는 세 가지 정도 설정한다. 그중 한두 개는 위쪽에서 요망하거나 담당

목표 설정 방법

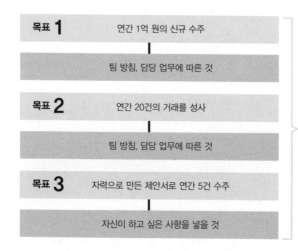

목표 **1**	연간 1억 원의 신규 수주
	팀 방침, 담당 업무에 따른 것
목표 **2**	연간 20건의 거래를 성사
	팀 방침, 담당 업무에 따른 것
목표 **3**	자력으로 만든 제안서로 연간 5건 수주
	자신이 하고 싶은 사항을 넣을 것

가능성
50퍼센트의
목표 설정

목표 달성을 향한 행동

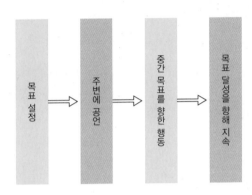

목표 설정 ⟹ 주변에 공언 ⟹ 중간 목표를 향한 행동 ⟹ 목표 달성을 향해 지속

하는 업무 관계에 따라 결정된다. 그 목표는 조금 발돋움하면 달성할 가능성이 있어 보이는 수준으로 설정하면 좋다. 그 정도가 자신을 위해 가장 적절하다.

심리학에서 사람은 달성 가능성이 50퍼센트인 목표를 이루는 데 가장 노력을 기울인다고 한다. 달성 가능성이 그것보다 크면 '자연히 되겠지'라는 마음에 노력을 쏟지 않고, 지나치게 낮으면 '어차피 안 되겠는데'라고 실행하기 전부터 포기해버리기 때문이다.

남은 하나의 업무 목표를 정하는 일도 중요하다. 그 목표는 과감히 자신이 흥미가 있는 주제를 설정하여 큰 보람을 맛보도록 한다. 그리고 목표를 설정했다면 자신의 목표를 주변에 이야기하자. 말하는 동안에 자기 설득 효과로 목표를 강하게 의식하게 된다.

목표를 달성하려면 자기 나름대로 중간 목표를 설정하면 도움이 된다. 예를 들어 '시작하고 반년 동안 여기까지 진행한다'라는 기준을 정하고 중간 목표를 향해 빠르게 출발하는 것이다.

가능성이 50퍼센트 정도인 목표를 설정하고, 원하는 주제도 목표로 삼는다.

커리어를 쌓아나가는
과정을 설계하라

아직은
부족해요

자신의 미래를 생각한 적이 없다.

기본은
되네요

2~3년 앞까지 계획하고 있다.

최고예요!

이상적인 미래의 모습을 구상하고 있다.

. . .

"미래에 어떤 모습이 되고 싶은가?"라고 상사가 질문한 적이 있는가? 만약 "특별히 없습니다"라는 식으로 대답한다면 상사는 의욕이 없다고 받아들일 것이다. 그러니 먼 미래까지 떠올리지 않더라도 "2~3년 더 지금 하는 일을 지속해서 스스로 제안서를 쓰고 싶습니다"라는 식으로 대답할 수 있도록 하자. 그렇게 말해두면 바라지 않는 인사이동을 피할 수 있을지도 모른다.

그렇지만 역시 미래의 일은 생각해두어야 한다. 그러나 젊은 사람 중에는 "내가 하고 싶은 일이 뭔지 모르겠다"라는 사람도 있다. 이럴 때는 일단 가능한지 불가능한지는 신경 쓰지 않는 편이 낫다. 가능해 보이는 일 중에서 하고 싶은 일을 발견하려고 하기에 무엇을 해야 할지 모르는 것이다.

조금 크게 보자면 지금 회사가 하지 않는 일을 신규 사업으로 내세워 성공할 수도 있다. 일단은 자신이 하고 싶은 일을 다음 도

존 L 홀랜드(John L. Holland)의 육각형 모델

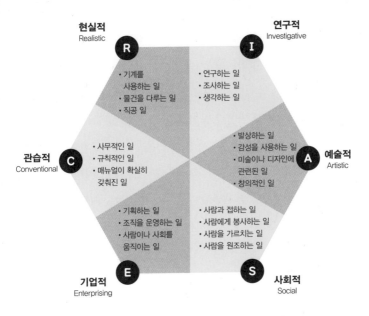

참고: 〈홀랜드의 취업 선택 이론〉(고용문제연구회)

표에서 찾아보자. 그리고 그런 일을 사내의 업무 중에서 찾아본다. 만약 없다면 새롭게 부문을 만드는 구상을 해볼 수도 있다. 이렇게 완성한 자신의 이상적인 모습을 향해 어떤 경험을 쌓아야 할지 구상하는 것은 커리어를 쌓아나가는 과정을 설계하는 일이 된다.

구상하는 미래의 이미지가 바뀔 수도 있다. 일하는 동안 자신에게 의외의 적성이 있다는 사실을 발견할 수도 있기 때문이다. 그때는 바뀌도 상관없다. 하나 더 기억할 것은 하고 싶은 일 외에 자신의 특기 영역도 인식해두는 일이다. 자신이 하고 싶은 일을 실현하려면 특기 영역도 갈고닦아두는 편이 바람직하다.

하고 싶은 일을 토대로 장래를 구상하고, 특기 영역을 갈고닦는다.

06

하고 싶은 일을
주변에 공언하라

아직은
부족해요

실현하기 어려울 것 같아서
하고 싶은 일을 비밀로 한다.

기본은
되네요

자신이 하고 싶은 일을
평상시 상사나 동료에게 이야기한다.

최고예요!

하고 싶은 일을 전달함과 동시에
기술도 갈고닦는다.

· · ·

자신이 하고 싶은 일을 발견했다면 그 사실을 주변에 전달하자. 이유는 단순한데, 그러는 편이 실현하기 쉽기 때문이다. 상사는 부하직원을 잘 아는 듯하면서도 잘 모른다. 따라서 부하직원이 하고 싶은 일을 오해하고 있을지도 모른다. 그렇게 되면 인사이 동이나 평상시 역할 분담에서 영향을 받을 수 있다.

평소 상사에게 하고 싶은 일을 말해두면 오해받는 일 없이 지 원을 얻을 수도 있다. 또한 상사뿐 아니라 선배나 동료에게도 전 달해두면 소문이 타 부서의 관리직에까지 전달되어 희망하는 곳 으로 나를 인도해줄 가능성도 있다. 또한 "이것을 하고 싶다"라는 말에는 자기 설득 효과가 있어서 본인도 좀 더 진심으로 몰입하 게 된다. 자신이 하고 싶은 일을 발견하고 주변에 알리는 일, 이것 이 커리어를 쌓는 과정을 실현하는 첫걸음이다.

그리고 하고 싶은 일을 실현하려면 필요한 기술을 갈고닦아야

커리어를 쌓는 과정이 실현되는 흐름

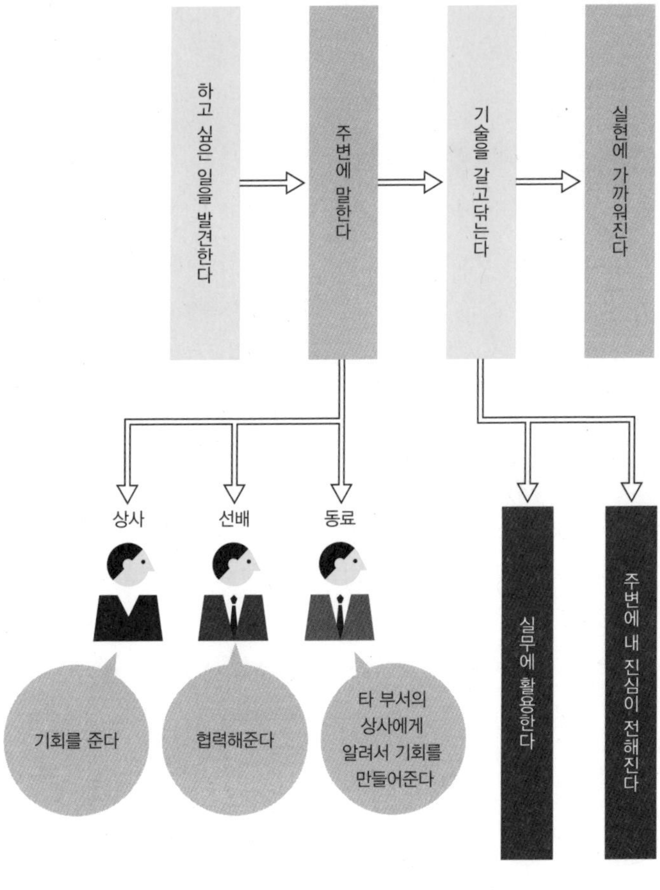

한다. 가령 장래에 기획 담당자가 되고 싶다면 기획 입안에 관련된 세미나에 나가거나 책을 읽으면 도움이 된다. 광고 일을 하고 싶거나 사업 전략, 마케팅 일을 하고 싶은 경우도 마찬가지다. 필요한 기술을 갈고닦으면 두 가지 이점을 볼 수 있다.

하나는 장래를 위해 갈고닦아야 할 기술이 현재 업무에도 도움이 된다는 점이다. 간접적이라도 그 기술을 지금 사용할 상황이 존재한다. 장래에 기획을 담당하고 싶은 사람이 기획 입안에 관련된 세미나에 나갔다고 하자. 그곳에서 얻은 노하우는 사내의 업무 개선을 제안할 때도 분명 사용할 수 있다. 다른 하나의 이점은 주변에서 내가 하고 싶어 하는 마음을 진심이라고 인정해준다는 점이다. 그러면 응원해주는 사람도 생기고, 커리어를 쌓는 과정이 현실로 나타나게 된다.

Point ! **하고 싶은 일은 주변에 공언하고 실현을 향해 기술을 갈고닦자.**

인간력을
높여라

아직은
부족해요

불만이나 푸념만 말하는 사람과 어울린다.

기본은
되네요

사내에서 인간력이 높은 사람을 지켜본다.

최고예요!

사내외의 인간력 있는 사람과 어울린다.

. . .

인간력은 다른 비즈니스 기술과 달리 훈련으로 습득할 수 없다. 그러면 인간력을 높이려면 어떻게 해야 할까? 인간력은 목표 달성 의욕, 행동력, 강한 끈기, 밝음, 활력, 스트레스에 견디는 능력 등 정신적인 영역을 말한다. 이런 요소는 누구나 자신의 내면에 지니고 있다. 다만 아직 내면에 잠들어 있는 경우도 많다.

자기 내면에 있는 인간력이 발동되어 향상되는 순간은 바로 고난을 겪을 때다. 업무 때문에 고민에 빠질 때야말로 인간력이 올라간다. 일을 하다가 곤경에 처했을 때 꼭 이 사실을 떠올리기 바란다. 인간력이 있는 사람은 틀림없이 커다란 고난을 극복한다. 그런 사람과 어울리는 일도 자신의 인간력을 높이는 계기가 된다.

선배나 동료 중에는 항상 불만과 푸념을 늘어놓는 사람이 있다. 그런 사람과 알고 지내면 자신의 인간력이 떨어지므로 어울려 지낼 사람을 골라야 한다. 인간력이 높은 사람은 외부에도 있

인간력이란

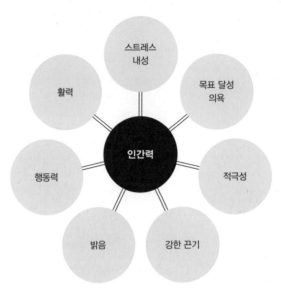

━━━━━ 인간력을 높이는 방법 ━━━━━

으니 사외 인맥도 넓혀가자. 사외 인맥을 넓히는 일에 관해서는 영업사원을 하는 필자의 지인 중에 본보기가 되는 사람이 있다. 그의 인맥 만드는 방법을 한 가지 소개하겠다.

그는 고객에게 "내 능력 수준을 올리기 위해 동업 타사의 우수한 영업사원과 이야기하고 싶습니다"라고 부탁한다고 한다. 그러면 고객이 우수하다고 생각하는 인재를 소개해주고, 그것이 서서히 인맥이 된다는 것이다. 그렇게 우수한 사람의 주변에는 뛰어난 인재가 있어서 더욱 인맥이 넓어지는 구조가 된다. 그는 이렇게 인간력을 올려왔다고 한다.

이 이야기의 핵심은 자신이 적극적으로 나선다는 점이다. 그저 가만히 기다리기만 해서는 인맥이 넓어지지 않는다. 연구회나 취미 동호회에 참가하는 것도 좋다. 어떤 형태든 스스로 움직이자.

 자신의 세계를 확장하여 인간력을 높인다.

옮 긴 이
정지영

대진대학교 일본학과를 졸업한 뒤 출판사에서 수년간 일본 도서 기획 및 번역, 편집 업무를 담당하다 보니 어느새 번역의 매력에 푹 빠져버렸다. 현재는 엔터스코리아 출판 기획 및 일본어 전문 번역가로 활동 중이다.

옮긴 책으로는《비주얼 씽킹》《도쿄대 물리학자가 가르쳐주는 생각하는 법》《그림으로 디자인하는 생각 정리 업무기술》《기획서 보고서 메모가 달라지는 그림문자 기술》《도해 사고력》《SIMPLE 비즈니스 숫자 공부법 》《업무를 효율화하는 시간 단축 기술》등 다수가 있다.

성과를 높이는 일 공부

초판 1쇄 2017년 2월 28일

지은이 하마다 히데히코
옮긴이 정지영

발행인 이상언
제작책임 이정아
편집장 한성수
기획·편집 조한별
디자인 〔★〕규

발행처 중앙일보플러스(주)
주소 (04517) 서울시 중구 통일로 92 에이스타워 4층
등록 2007년 2월 13일 제2-4561호
판매 (02) 6416-3917
제작 (02) 6416-3950
홈페이지 www.joongangbooks.co.kr
페이스북 www.facebook.com/hellojbooks

한국어판 출판권 ⓒ 중앙일보플러스(주), 2017

ISBN 978-89-278-0842-8 03320

- 이 책은 저작권법에 따라 보호받는 저작물이므로 무단 전재와 복제를 금하며
  이 책 내용의 전부 또는 일부를 이용하려면
  반드시 저작권자와 중앙일보플러스(주)의 서면 동의를 받아야 합니다.
- 책값은 뒤표지에 있습니다.
- 잘못된 책은 구입처에서 바꿔 드립니다.

중앙북스는 중앙일보플러스(주)의 단행본 출판 브랜드입니다.